EDITION HERZSCHLAG
SIMON+LEUTNER

Die Autorin

Jenny James ist eine Frau mit vielfältigen Erfahrungen: In den sechziger Jahren ist sie als Mitarbeiterin Bertrand Russels aktiv in der englischen Friedensbewegung. Bei einem kurzen Aufenthalt in Deutschland wird sie wegen ihrer politischen Aktivitäten des Landes verwiesen. Nach einem Kunststudium schließt sie eine Ausbildung als Psychotherapeutin ab und wird Mitbegründerin der Anti-Psychiatrie-Bewegung »People not Psychiatry«. Später ist sie Aktivistin der englischen Frauenbewegung, schließlich gründet sie ein Therapiezentrum auf einer Insel in Irland.
Ende 1987 verläßt sie die irische Insel mit Freunden auf einem Segelschiff in Richtung Karibik ...
Ihre privaten, gesellschaftlichen und therapeutischen Erfahrungen mit Männern ergeben zusammen mit ihrer schillernden und provokativen Art eine Mischung, deren Brisanz auf jeder Seite dieses Buches spürbar wird.

ihre Ticks *ihre Tricks* *ihre Tücken*

MÄNNER IM BETT

durchschaut von Jenny James

Mit Beiträgen von
Snowy James,
den Männern von Atlantis
und Jeremy Ward

Titel der englischen Originalausgabe:
Male Sexuality
25 Nassington Road, Hampstead, London, N.W.3
wurde übersetzt von Monika Hahn

2. überarbeitete Auflage 1989

Umschlaggestaltung: Drews Design
Layout: Henriette Ponsong
Satz: Verlag Konstanze Freihold GmbH, Berlin
Druck: Fuldaer Verlagsanstalt GmbH

CIP-Kurztitelaufnahme der Deutschen Bibliothek
James, Jenny:
Männer im Bett: ihre Ticks, ihre Tricks, ihre Tücken /
durchschaut von Jenny James.
[Beitr. von Snowy James, d. Männern von Atlantis u. Jeremy Ward.
Übers. von Monika Hahn] —
Berlin: Simon und Leutner, 1989.
Einheitssacht.: Male Sexuality ⟨dt.⟩
ISBN 3-922 389-32-5

Inhalt

Ich widme dieses Buch einer Person, die zum 3. Teil sehr viel beigetragen hat: meiner philosophischen Lehrerin, meinem Guru; ohne sie hätte ich nie genug Licht gesehen um weiterzumachen. Sie ist die weiseste Frau die ich kenne, obwohl zwei Jahre jünger als ich:

Meiner Schwester, Snowy James

Dank an Fred, der so wütend über mich wurde, als ich dieses Buch schrieb, daß ich wußte, ich muß auf der richtigen Spur sein. Dank an Bill für seine Kommentare, Kritiken und Ermutigungen und dafür, daß er mich am Leben hielt, wenn Fred mich (mal wieder) verlassen hat.

Nach jüngsten Berichten aus der westlichen Welt scheint es, daß die verbreitete Unabhängigkeit und sexuelle Freiheit der Frauen dazu geführt hat, daß die Männer sich zurückziehen und sexuelle Indifferenz zeigen. Diese Strategie wurde früher eigentlich eher von Frauen angewandt.

Aus *Women of Omdurman* von Anne Cloudsley

Vorwort

Wir haben den Kinsey-Report, die Untersuchungen von Masters und Johnson und den Hite-Report mit seinen zigtausend anonymen Beiträgen. Es gibt Bücher über Sexberatung, Sex-Techniken und Sexualtherapie. Dieses Buch aber ist keine wissenschaftliche Abhandlung und auch keine statistische Erhebung. Es entstand aus den Erfahrungen lediglich einer Handvoll Männer und Frauen. Sie sind nicht anonym und kennen einander sehr genau, da sie in einer kleinen Kommune – Atlantis genannt – zusammenleben.

In Atlantis konzentrieren wir uns auf unsere Lebensqualität, die Beziehung zu uns selbst und zu den anderen Mitgliedern der Kommune. Wir hoffen nicht auf irgendeine Revolution, dafür ist nicht genug Zeit. Wir verändern uns jetzt, täglich. Dabei geben wir uns keine sonderliche Mühe, einander zu lieben oder nett zu sein. Es gibt ja genug Religionen und Gemeinschaften, die sich damit abrackern. Viel Glück! Wir geben lieber auch den negativen Gefühlen Raum, schlechter Laune, Wutanfällen, Aggressionen, Gewalttätigkeiten. Wir verehren den Gott der Energie! Ich meine damit nicht jene Energie, die von außen in uns gepumpt wird, um uns warm und lebendig zu halten und die auf dieser Erde angeblich bald aufgebraucht sein soll. Nein, ich meine Energie, die in unserem Inneren entfacht, nutzbar gemacht, trainiert werden kann und die man nie einschlafen lassen sollte.

Ein schwieriges Vorhaben! Es tut weh, im eigenen schwachen Leib all das zu bekämpfen, was die uralten Lebensgewohnheiten der Menschen bewirkt haben. Bewegung tut weh, Veränderung tut weh. Läßt man keine Veränderung für sich zu, ist es zwar viel schlimmer, doch man spürt den Schmerz erst dann, wenn ein fortgeschrittenes Stadium erreicht ist. Trotzdem hat jeder Mensch irgendwie mit Veränderung und Wachstum zu tun, bewußt oder unbewußt, meist unbewußt. Sich bewußt zu verändern, ähnelt einer Geburt ohne Betäubungsmittel: im Moment sehr schmerzhaft, doch man wird wunderbar belohnt, weil man dem Leben hellwach begegnet und sich selbst – Körper und Seele – voll empfindet.

Aber was hat das ganze, bitteschön, mit männlicher Sexualität zu tun? Die Fülle der psychischen Erfahrungen hier machten uns immer klarer, welch scheinbar unüberwindliche Barrieren zwischen den Geschlechtern bestehen. Was tun? Wir beschlossen, gemeinsam dieses Buch zu schreiben, um dadurch – hoffentlich! – etwas mehr Klarheit in die Problematik zu bringen. Wer jemals Gefühle zu Papier gebracht hat, weiß, daß man nicht über Dinge schreibt, die kein Problem mehr darstellen. Man schreibt aus tiefer Qual oder vielleicht auch aus überschwänglichem Glücksgefühl, weil man gerade einen schrecklichen Kummer überwunden hat.

Warum schreibe ich über männliche Sexualität? Weil ich eine Frau bin und sehr, sehr viele Männer kannte, mit ihnen zusammen lebte und auch therapeutisch mit ihnen arbeitete. Wenn ich auf sexuellem Gebiet etwas über andere Frauen wissen möchte, kann ich den Hite-Report zu Hilfe nehmen. Aber Männer haben mich mein Leben lang beschäftigt! Wenn ich mich nun auf ihre Sexualität konzentriere, so ist das der Versuch, zur Wurzel des Übels vorzustoßen, zu dem, was zwischen Männern und Frauen heute falsch läuft. In Atlantis sind wir alle miteinander verbunden und kennen uns gegenseitig mindestens so gut wie sehr vertraute Ehepartner. Wir sind so etwas wie eine große Familie, deren Mitglieder schonungslos alle Beziehungsprobleme offenlegen. Täglich und natürlich auch nächtlich. Wir haben Angst davor, in reinen

Zweierbeziehungen zu leben. Warum? Einfach wegen der gemeinen Dinge, die einer dem anderen ganz privat antun kann. Wir sagen: "Wenn du gemein zu mir sein willst, dann bitte in aller Öffentlichkeit." Das hindert Menschen zwar nicht daran, gemein zu sein, aber zumindest ist eine Art primitiver Stammesjustiz gewährleistet, die sofort "zuschlägt". Mit ihrer Hilfe versuchen wir, mit allen negativen Dingen besser fertig zu werden. Was wäre passiert, wenn all jene Menschen, die so offen und ehrlich, so sensibel und intelligent für den Hite-Report schrieben, all das einander, ihren Ehepartnern, ihren Nachbarn, ihren Kindern oder ihren Müttern erzählt hätten?
Was wäre passiert, wenn sie nicht anonym, sondern mit Namen und Adresse geschrieben hätten? Au weia!

In diesem Buch befassen wir uns mit der grossen Diskrepanz zwischen dem, was üblicherweise über Männer gedacht und gesagt wird – sie seien sexuell aggressiv und mehr hinter Sex her als Frauen etc. – und unseren neuen Erfahrungen als selbstbewußte Ladies, daß Männer nämlich schon beim Gedanken an sexuelle Kontakte zittern und zurückzucken, in Panik geraten oder davonlaufen – von der Praxis gar nicht zu reden! Bevor ihr's euch jetzt leichtmachen wollt und sagt: "Kunststück! Diese Frauen von Atlantis haben vermutlich Haare auf der Brust, ein Pferdegebiß, grobe Stimmen, einen Bürstenhaarschnitt" etc., muß ich gleich widersprechen. Die Frauen von Atlantis sind sehr attraktiv für Männer – vermutlich weil sie so vital und temperamentvoll sind. (So etwas wie Perfektion spielt da eine geringere Rolle.)
Aufgrund unserer persönlichen Biographie haben wir kein Interesse daran, von den Männern oder unserem Bedürfnis nach Männern frei zu werden, sondern haben uns zum Ziel gesetzt, unsere Männer von der Furcht vor ihrer eigenen Männlichkeit zu befreien. Wenn uns das nicht gelingt – und das ist meistens der Fall – dann sind wir vollauf damit beschäftigt, all das wieder loszuwerden, was Zurückweisung und Haßgefühle der Männer in uns anrichten. Und das alles, ohne in eine unseres Erachtens äußerst

üble Falle zu tapsen, nämlich ohne Männer auskommen zu wollen.
In Teil I dieses Buches habe ich meine psychischen Talente eingesetzt, um mich ganz bewußt für ein Weilchen in die männliche Psyche zu versetzen, weil ich wissen will, was eigentlich los ist, warum es so ist und was, wenn überhaupt, dabei getan werden kann. Hoffentlich finden meine Leser das nicht zu anmaßend und ärgern sich darüber. Am schönsten wäre natürlich, wenn meine Galerie männlicher "Sex-Typen" dem einen oder anderen Leser zu einer gewissen Einsicht – oder wenigstens Belustigung verhelfen würde.
In Teil II reden einige Männer über sich, die in unserer Kommune leben oder früher lebten, ohne damit allgemeingültige Aussagen machen zu wollen. Sie beschäftigen sich mit Aspekten ihrer sexuellen Natur, die ihnen zu schaffen machen.
Teil III ist problematisch, und zwar so sehr, daß ich dieses Buch deshalb sehr lange nicht abschließen wollte. (Außerdem war ich deshalb nahe daran, meinen Partner aufzugeben, Sex aufzugeben, überhaupt alles aufzugeben.) Teil III ist eine Mixtur, eine Art Collage, eine Sammlung von Methoden, mit Männern umzugehen, die am Resignieren sind.
Für wen ist dieses Buch eigentlich gemacht? Natürlich für alle Männer. Aber nicht für alle Frauen. Nur für Frauen – sechzehn- oder sechzigjährige – die durch Lust und Leid gingen, als sie sich einem Mann ganz öffneten, von ihm aber nicht angenommen wurden, mit ihm nicht übereinstimmten, nicht auskamen. Die's aber trotzdem noch einmal versuchten. Wieder und wieder. Mit ihm. Und dann mit anderen. Und die's immer noch versuchen. Ich erwähne das deshalb, weil wir speziell in Teil III einige Spiele für Frauen beschreiben. Spiele dieser Art sind jedoch nichts für die übliche Art der verspielten Frau, die weder gewillt, noch in der Lage ist, sich einem Mann emotional und sexuell zu öffnen. Sie ahnt gar nicht, was es bringen kann, sich einem Mann gegenüber zu entblößen, sich ihm preiszugeben. Sie läßt sich zwar gerne von einem Mann belagern – einfangen läßt sie sich jedoch nicht. Das

verbietet sie sich selbst. Sie beherrscht ebenso viele Tricks wie die Männer, um die's uns in diesem Buch geht. Doch das ist ein anderes Thema.

Wenn wir Spiele für uns und andere Frauen erfinden und schildern, dann um unsere Haut, unseren Verstand und unsere Seele zu retten, eher als ein letztes verzweifeltes Mittel, und nicht etwa aus Spaß. Sind zwei Partner guten Willens, eine Beziehung zu halten, sind flexibel und offen, dann sind Spiele überflüssig. Falls aber der eine Partner die Beziehung aufgibt, obwohl der andere heftig darum gekämpft hat, dann kann ein gutes Spiel helfen, daß sich die Verlassene nicht allzu lausig fühlt.

In diesem Buch stecken Energie, Kummer, Kopfschmerzen, Selbstzweifel, Seelenforschung, aber auch Freude und Frivolität. Wenn ihr Leser davon profitieren könnt, dann hat es sich ja gelohnt... Beim Umblättern der letzten Seite dürft ihr aber nicht glauben, das Buch sei damit zu Ende. Falls euch etwas stark berührt hat, falls ihr meint, uns etwas beibringen zu können, dann macht euch klar, daß die Menschen, über die ihr gerade gelesen habt, noch am Leben sind (hoffentlich!) und weitermachen. Ihr könnt mit uns in Verbindung treten, sei's schriftlich, sei's persönlich. Die Tore von Atlantis stehen jedem offen, der den Wunsch (und den Mut!) hat, zu uns zu kommen.

Jenny James
Atlantis
Inishfree Island
Butonport
Co.Donegal
Ireland

Einleitung

Männer, wie sie im Buche steh'n

Mein Freund Clive sagte mal bitter zu mir: "Wenn du glaubst, daß ein Mann befriedigt ist, nur weil er leicht zum Höhepunkt kommt, dann irrst du dich gewaltig."
Das ist lange her, aber ich hab's nicht vergessen. Vor lauter Frust und Groll habe ich Männern, ehrlich gesagt, nicht zugetraut, elementare Probleme mit Sex zu haben. Nein, die Frauen waren's, die mit ihrer komplizierten, geheimnisvollen Biologie und all ihren emotionalen Empfindsamkeiten so gestraft waren, daß der weibliche Orgasmus etwas war, das just nur in Sexbüchern (meist von Männern geschrieben) existiert.
Seitdem ich auf sexuellem Gebiet wieder voll aktiv bin und nach einem Jahrzehnt mit Reich'scher-, Primär- und Atlantis-Therapie, kann ich die Männer heute besser verstehen, die ich gekannt und in Bewegung versetzt habe. Ich weiß jetzt eher Bescheid über ihre Schwierigkeiten, was aber nicht heißen soll, daß ich das daraus resultierende Verhalten entschuldige.
Angesichts meiner strengen, puritanischen Erziehung muß ich wohl erst mal klarstellen, daß ich keinen besonderen Ehrgeiz hatte, Männer zu studieren oder gar mit besonders vielen zu schlafen. Leider ist es nunmal so – eine unerwünschte Begleiterscheinung –, daß die Männer schleunigst das Weite suchen, wenn eine

Frau sich frei entfaltet. Sie können's nicht ertragen, wenn eine Frau sexuell gesund ist. Wilhelm Reich fiel das auf, als er in den dreißiger Jahren therapeutisch arbeitete: je aktiver die Frauen beim Sex wurden, desto inaktiver wurden die Männer. In extremen Fällen führte das sogar soweit, daß die Männer durchdrehten und ihre Frauen beschuldigten, elektrische Vorrichtungen in ihrem Unterleib anzubringen, um ihren Sexpartnern Elektroschocks zu verpassen. Eine Frau, die sexuell wach ist, zwingt ihren Partner zur Selbstbetrachtung. Furcht und Groll sind häufig das Resultat, und mit dem nächsten Zug "Nonstop Express – weit weg von hier" entschwindet er. Deshalb haben ich und meine Schwester (auf ihr Konto geht viel von Teil III) eine kunterbunte Mischung von intimen Informationen über Männer gesammelt. Dabei wollte ich eigentlich nur mich selbst besser kennenlernen und herausfinden, warum ich nicht richtig ticke. Jetzt, wo ich mit Verlaub sehr gut ticke, selbst unter widrigsten Umständen (Männer), möchte ich einige Erfahrungen weitergeben – zum Nutzen der männlichen und weiblichen Menschheit.

Als ich dieses Sex-Buch schrieb, las ich, innerlich zittrig, Ned einiges daraus vor. War es anmaßend von mir als Frau, autoritär über das penistragende Geschlecht zu schreiben? Aber Ned reagierte absolut positiv. Er mochte sich als Mann und wollte sich auch seinen Schwierigkeiten stellen, wie z.B. seiner Gefühlsarmut beim Sex. Folglich spornte er mich an, über dieses heikle Thema weiterzuschreiben und andere zur Mitarbeit zu animieren.
Die Frage ist: wie ist es eigentlich, Macht und Verantwortung zu haben, potentiell in der Lage zu sein, einem schwächeren menschlichen Wesen alles mögliche anzutun? Als Mutter kenne ich ähnliche Gefühle, doch werde ich nie wissen, wie es beim Sex ist.
Ich vermute, daß es Angst macht. Und ich vermute weiter, daß die meisten Männer sich deshalb ihrer Rolle verweigern oder innerlich so verhärten, daß sie nicht mehr aufbrechen können. Dann gibt es Männer, die das ständige "Macho"-Dasein so anwidert, daß sie keine Männer mehr sein wollen, sondern lieber eine weib-

liche Rolle spielen und damit "das Kind mit dem Bade ausschütten".
Aber wie soll sich auch ein Mann als Held der freien Wildbahn fühlen, wenn er am nächsten Tag im Büro stundenlang blöde Formulare ausfüllen muß? Kaum möglich. Der Bruch ist einfach zu gewaltig. Wenn du ein Vollmann im Bett wirst, kannst du's nicht mehr ertragen, dich den Rest deines Lebens zu halbieren.
Also finden sich die meisten Männer mit ihrer Halbierung ab. Sie heiraten halbgare Frauen, was das ganze halbwegs erträglich macht. Und dann ziehen sie halb-tote Kinder groß. Und so schleppt sich die Welt weiter – eingerostet und angeekelt. Die Jahreszeiten kommen und gehen, um uns zu erinnern, was sein könnte und früher mal war. Das Gras wächst zwar mühsam auch durch's Straßenpflaster, aber so richtig grün ist es nicht mehr.
Im Bett ist der Mann nackt, nackter als die Frau. Sie kann leichter verbergen als er. Bei ihm ist alles an der Oberfläche, außen. Das Bett ist ein schrecklicher Ort für einen Mann, der nicht weiß, wer er ist; ganz besonders, wenn er's mit einer Frau teilt, die genau weiß, wer sie ist. Da helfen weder die Dunkelheit noch die Bettdecken. Er ist da, um gesehen und gefühlt zu werden. Es ist ganz üblich, daß die Männer davor davonlaufen, früher oder später – meist früher. Wenn ich mir die Freude, Lust und Aufregung sexueller Begegnungen vergegenwärtige, dann kann ich einfach nicht begreifen, warum unsere Liebsten uns immer wieder verlassen. Wenn ich mir andererseits vergegenwärtige, welch ein Horror Selbstentblößung für einen Mann sein muß, dem unsere Gesellschaft sonst ja jede nur erdenkliche Abschirmung bietet, dann fange ich an, seine Flucht zu begreifen. Lust ist eine zarte Pflanze, leicht verletzlich, ganz "Yin", der Schmerz der Selbst-Entdekkung dagegen eindeutig "Yang".
Wenn so viel Schmerz und Schwierigkeiten drohen, warum dann überhaupt einen Versuch wagen? Warum nicht einfach den Kampf aufgeben, der Sex nunmal zu sein scheint? Oder ihn nur einmal alle Jubeljahre wagen, oder sich einfach für eine zweitklassige Spannungsentladung entscheiden, dem Ego zu Liebe? Schließ-

lich richten sich die meisten Männer genau damit häuslich ein, früher oder später – meist früher!
Und sehr viele Männer führen so ein langweiliges Leben, sind mies und unattraktiv. Die meisten sind damit beschäftigt, sich und die Erde mit idiotischen Ersatzhandlungen zu vergiften und zu vernichten. Wenn man seinen guten Samen nicht in eine Frau verströmt, wird man mit seiner Schlechtigkeit schließlich der Mutter Erde schaden. Ein Mann ohne lustvolle sexuelle Erlebnisse lehnt es ab, das Leben einfach zu leben; er will es beherrschen und ausbeuten. Er hält Beruf und Sport, Krieg und Politik für wichtiger als Partnerschaft, Familie und Kindererziehung. Er erinnert sich nicht mehr an seine Kindheit; seine Gefühle sind wie seine Umwelt etwas, das beherrscht und zerstört werden muß. Er macht sich ganz einfach nichts aus dem Leben, wie es ist. Er glaubt, er hätte etwas viel besseres auf die Beine gestellt, wenn man ihn nur gelassen hätte.
Und doch ist all die natürliche Energie immer in ihm aktiv und sucht ein Ventil, ob er's will oder nicht. Sie versiegt nicht einfach, man kann nicht einfach ein Teil von sich abschneiden – dieses Teil ist immer noch da und wird sich schon zu helfen wissen, ohne Rücksicht auf irgendwelche schwachen Theorien. Doch Ersatzventile sind meist von Übel, haben mit Heimlichtuerei und Verstecken zu tun. Sexualität im "Untergrund" ist tödlich. (Atomraketen sind phallisch geformt...) Alle Menschen, die sich selbst abgetötet haben, wollen anderen das gleiche antun. Alle, die nicht mehr fühlen können, handeln auch gefühllos, besonders Kindern gegenüber. Kinder sind schwach, müssen aufgebaut und ermutigt, beschützt und erzogen werden. Aber wieviele Ältere sind auch "Bessere" und können diese schwierige Aufgabe meistern? Auf dem Gebiet der Sexualität ist die beste Richtschnur für Jungs, alles anders zu machen. Sie müssen die richtigen Antworten in ihrem eigenen Körper finden. Zwar gibt's heutzutage viel mehr Aufklärungsliteratur als früher. Doch meist wird für sie leider nur die "mechanische" Seite vom Sex behandelt. Zu wirklichen Emotionen sind scheinbar nur die Frauen fähig.

Es müßte einen Mann geben, der einen männlichen Kampf für die Hingabe ausficht: Hingabe an die Gefühle und an die Frauen. Er bliebe dabei ein ganzer Mann und würde sich nicht anbiedern, "auf der Seite der Frau" zu sein. Der Ärmste wäre sicherlich sehr unbeliebt. Kein Wunder also, daß er noch nicht aufgetaucht ist. Er müßte ein außergewöhnliches Wesen sein, ein Mann, der nicht nur Theorien, Philosophien und gute Absichten zum Besten gibt (solche kenne ich zur Genüge, falls jemand einen sucht). Nein, es müßte einer sein, der ganz in der Liebe zu seiner Frau, seiner Erde, seinen Kindern und Tieren lebt: ein sexueller Jesus (der nicht zum Eunuchen gemacht wird wie jener Erste). Bis so einer auftaucht, müssen wir Frauen tun, was in unseren Kräften steht, um das kolossale Ungleichgewicht in menschlichen Beziehungen zu beheben.

Seit sich die Hauptaktivitäten der Menschen von der Erde abgewandt haben, weg von Muskeln, Knochen und Gliedmaßen, und sich stattdessen im Hirnkasten abspielen, sind die Menschen immer unglücklicher geworden. Jeder ist unzufrieden und sucht nach einem Schuldigen. Rechte beschuldigen die "Roten", Linke die Kapitalisten, die Emanzen beschuldigen die Männer, die Chauvis die Frauen.

Nichts leichter als Schuldzuweisung! Schön wär's ja, es würde funktionieren. Einen erschreckend großen Teil meines Lebens habe ich mit dem Versuch vertan, es funktionieren zu lassen. Fast jeder, den ich kennenlerne, versucht das Gleiche. Es ist okay, Schuld zuzuweisen, solange du weißt, was du tust. Du kannst deine Schuldzuweisung laut herausschreien. Du demonstrierst damit nur, wie lächerlich das ist, und die anderen haben ihren Spaß daran.

Wie wäre ein wirklich natürlicher Mann beschaffen? Er käme dem männlichen Archetypus sehr nahe — stolz, stark und emotional. Er wäre wie unsere Ziegenböcke auf der Insel — zwar dominant, aber auch abhängig und ohne die Angst, dies offen zu zeigen. Er würde seine physische Kraft und Ausdauer als Mann wertschätzen, wie ich meine Weichheit als Frau wertschätze. Er würde

keine Schwäche vortäuschen, um sich bei mir "einzuschmeicheln", wie ich auch nichts bei einem gesunden Mann gewinnen kann, wenn ich meine weiblichen Schwächen leugne und mich militant gebärde. So wie meine Weichheit ohne Stärke, Vitalität und Unabhängigkeit nichts wert ist, so ist ein "ganzer" Mann eben nicht nur aus Stahl gemacht, weder seelisch, noch physisch. Er wäre auch fähig, zusammenzubrechen, zu weinen, sich hinzugeben und seine Sehnsucht nach der Weichheit einer Frau zugeben. Zuviel Yin ist abstoßend, zuviel Yang ist steril.
Der moderne Mann hat zwar seinen Körper, dummerweise aber nicht seinen Kopf verloren. Sein Kopf ist intakt und tickt sehr gut – wie eine Rechenmaschine. Rechnet sich die Warums aus und die Dürfen-nicht-seins. Man kann aber Sex und Liebe nicht mit dem Kopf haben. Man kann sich einbilden, daß man liebevolle Gedanken hegt, während man gleichzeitig körperliche Grausamkeiten begeht. Jeder, der im Kopf zu leben versucht, ist zwangsläufig voller Haß. Haß aufs Leben und Haß ganz besonders auf jeden, der nicht im Kopf lebt, sondern lieber voller Lust das Leben und den Sex genießt.
Doch warum lebt ein Mann lieber in seinem Kopf, statt Liebe, Aufregung, Sex, Vergnügen, Abenteuer, Anstrengungen und Triumphe auszukosten, die ein Leben mit einer Frau bieten? Weil er dann sehr groß und vielseitig werden müßte, kurzum ein Anführer, Revolutionär, Lehrer, Berater, Guru, Missionar, Magier, ein echtes Idol aus eigener Kraft, in seiner eigenen Sphäre. Sei es innerhalb seiner Familie, im Freundeskreis oder an der Spitze einer wirklich positiven Bewegung. Er müßte all seine unglaubliche Kraft und seine unglaubliche Schwäche spüren, seine Liebe und seinen Haß, seine pulsierende Sexualität und zwar nicht nur in den raren Augenblicken, wenn gerade keine wichtigeren Dinge anstehen. Er müßte entsetzt sein über die lebenslange Todesstarre, die unsere Körper lähmt. Mir ist klar, daß diese Vorstellung kaum einem Mann gefällt. Alle Männer, die ich je kennenlernte, lehnen sie jedenfalls ab, da sie keine Anführer sein wollen. Andererseits wollen sie aber genauso wenig, daß eine Frau sie belehrt,

lenkt und leitet. Eine Frau, die sagt, was sie will, bekommt gleich den Vorwurf zu hören, sie "manipuliere" gern. Wenn ich einen Mann dahin manipulieren könnte, ganz er selbst zu sein, würde ich's garantiert tun. Doch niemand kann jemand anders zu irgend etwas manipulieren.

Die meisten Menschen sind für Stagnation, auch wenn sie's nicht zugeben. Es ist einfacher, Augen und Ohren davor zu verschließen, daß man auf toten Geleisen fährt und sich weigert, Verantwortung zu übernehmen.

Mich fragte mal ein Geliebter in ausgesprochen feindseligem Ton: "Warum versuchst du eigentlich immer hinter die Dinge zu kommen?" Ich antwortete: "Weil ich verantwortlich für die Welt bin. Dies ist mein Planet." Er starrte mich wütend und fassungslos an. "Woher nimmst du das Recht, diese Erde als deinen Planeten zu bezeichnen?" fuhr er mich an. "Und welches Recht hast du, auf und von ihm zu leben, wenn es nicht dein Planet ist?" gab ich hitzig zurück und schlug ihm mit dem Nächstbesten – der Kohlenschaufel! – auf den Kopf, um meinem Argument gehörigen Nachdruck zu verleihen. Zum Glück war mein Freund Ire und konnte mir folglich meinen Zorn nachfühlen.

Rückblickend ist dies noch immer ein wichtiger Moment für mich, denn ich hatte mich vehement gegen die tödlichen Waffen Lethargie und Geringschätzung zur Wehr gesetzt, gegen die ich mein Leben lang kämpfen werde. Damals war mein "Gegner" ein starker, wirrer, geschlagener Mann voller Leidenschaften, die er unbedingt abtöten wollte – und mich gleich noch dazu. Warum? Weil ich alles tat, um sie wieder zu erwecken. Ich brauchte seine männliche Energie, seine Stärke und Unterstützung, die er geizig für sich behielt. Ich will Leben fördern, doch auch die Kräfte von Depression und Tod sind in mir sehr stark. Warum wohl suche ich mir immer unmögliche Typen als Liebhaber aus? Weil ich dann meinen Hang zur Resignation außerhalb meiner selbst in einem anderen Wesen verkörpert sehe, in einem Wesen, mit dem ich ringen kann, statt mich selbst innerlich zu zerfleischen.

Alle wahren Liebenden sind Bewahrer des Planeten, Hüter der

Erde, Förderer der Welt. Vor Jahren las ich einen ziemlich verrückten südamerikanischen Roman (*Hundert Jahre Einsamkeit* von Marquez), in dem ein Paar so leidenschaftlich verliebt ist, daß es non-stop mit Sex beschäftigt ist – tagein, tagaus. Überall, wohin die beiden auch gehen, fühlen alle Tiere und Pflanzen ihre Schwingungen, lassen sich mitreißen, wuchern und vermehren sich in einer Orgie der Fruchtbarkeit. Eine grandiose Vorstellung. Die Kraft der Sexualität! Reine Energie! Eine wahrhaft sexuelle Gesellschaft hätte keine Zeit, sich selbst zu zerstören, sich selbst zu Tode zu hassen.

Zurück zur Basis: zum Bett, zu den Körpern und den Männern, die verantwortlich sind, ob sie's nun mögen oder nicht. Besteht Hoffnung, daß sie sich von der Phal-lust dieses Jahrhunderts abwenden, von Maschinen und Bomben, und zu ihrer weiblichen Seite zurückfinden, zu ihrem sexuellen und emotionalen Selbst, dessen Unterdrückung sie dazu bringt, uns alle vernichten zu wollen? Dieses Buch lädt euch ein, in den Spiegel zu schauen und euch selbst zu fragen: Bin ich ein schönes, wundervoll lebendiges menschliches Wesen, das diesem phantastischen Universum Ehre macht, dem ich schließlich das Leben verdanke? Bin ich eine Freude für mich selbst und andere? Nein? Warum eigentlich nicht? Was kann man dagegen tun und – am allerwichtigsten! wann?

I

Überblick

über die vielschichtigen Erscheinungsformen des männlichen Charakters, wie sie sich den Frauen in intimen Situationen offenbaren

Die Zwei Hauptkategorien

Tja, eine befreite Lady kann nur auf eine Weise lieb sein – indem sie ehrlich und aggressiv ist. Meine Ehrlichkeit basiert auf meinen lustvollen (oder lustlosen) Erfahrungen mit vielen verschiedenen Männern im Bett. Im Laufe der Jahre fand ich heraus, daß man Männer grob in zwei Kategorien einteilen kann: "unter Strom" und "ausgeknippst". Natürlich haben wir alle mal einen Stromausfall. Auf der anderen Seite sprüht selbst der schlappste Opa mal Funken. Aber irgendwo müssen wir ja mit dem Werk anfangen.
Am schwierigsten ist ja bekanntlich das Ewig-Unlösbare-Problem: der Kampf der Geschlechter. Meine Schwester Snowy behauptet, es sei ein guter Kampf, der auch notwendig sei, da es ohne Kampf keine Spannung gebe, ohne Spannung keine Elektrizität, und ohne Elektrizität keine wahre Sexualität.
Wenn ich jetzt gleich fünfzig Millionen Männer in einem Satz charakterisiere, dann verzeiht ihr mir hoffentlich, falls es doch ein oder zwei Ausnahmen von der Regel geben sollte.
Es gibt zwei große Kategorien von Männern: den "jungfräulichen" Typ und den routinierten Typ. Sie sehen aus der Sicht der Männer folgendermaßen aus:
"Jungfrauen" meinen, daß sie weder was von Frauen verstehen, noch recht viel von sich selbst, also von Männern. Sie hatten noch nie Sex oder nur selten. Vielleicht aber auch ziemlich oft, fühlen sich aber immer noch so wie beim erstenmal. Sie meinen, daß sie viel zu scheu oder zu unbeholfen seien, um sich Frauen zu nähern, oder mit Sex anzufangen, wenn sie endlich eine Frau in greifbarer Nähe haben. Sie meinen, sie seien "dafür zu unbegabt".
"Routinemänner" dagegen meinen, daß sie alles über Frauen und Sex wissen. Sie meinen auch zu wissen, wie man Frauen befriedigt. Sie meinen weiter, sie seien "dafür begabt"; sie haben weder Scheu davor, sich einer Frau zu nähern, noch sind sie auf

sexuellem Gebiet in irgendeiner Weise unbeholfen. Sie hatten seit ihrem dritten Lebensjahr zehnmillionenmal Sex.
Aus weiblicher Sicht sieht die Sache allerdings etwas anders aus: Wenn man "Jungfrauen" ins Bett bekommt, sind sie ausgesprochen sinnlich, flexibel, phantasievoll, elektrisierend, keineswegs scheu oder verklemmt, sondern sexuell voll da. Mit ihnen befreundet zu sein ist aber äußerst frustrierend, da ihre sexuelle Spannung auf sehr hohem Niveau, ihre tatsächliche sexuelle Aktivität dagegen sehr gering ist.
Die "Routiniers" sind – es ist traurig, aber wahr – langweilig, stereotyp, tot, gefühllos, bar jeder sexuellen Spannung. Sie protzen mit großen, harten, ausdauernden Erektionen, sind aber trotzdem keine rechte Freude im Bett. Sie kennen alles und haben schon alles getan, wissen aber das wichtigste nicht: man muß im Bett nichts wissen, man muß nur fühlen. Traurigerweise sind sie an ihrer Person und ihrem Ich mehr interessiert als an ihrer Lust. Sex mit ihnen tut oft weh.

"Jungfrauen" sind zornige Männer, die sich lieb verhalten, viel zu nett zu ihren Müttern waren und insgesamt mit den weiblichen Familienmitgliedern viel zuviel Kontakt pflegten. Das führt zu einem hohen Maß an Begierde und einem geringen Maß an echten sexuellen Kontakten. Es sind verführerische Männer, denen es gar nicht behagt, sich einer Frau nähern zu müssen. Ihre Mütter sind immer auf sie zugegangen, und so hat's ihrer Meinung nach auf der Welt zu sein. Sie wollen verführt werden, hassen dich aber, wenn's dir gelingt – jedenfalls dann, wenn du sie in Bewegung setzt. Sie sind ein Bündel unausgesprochener Gefühle, daher auch die wahnsinnige Spannung. Sie haben in ihrem Leben viel masturbiert und sich auf diese Weise sexuell lebendig und wach gehalten.
Wenn Frauen wissen, was sie wollen und auch fähig sind, es zu bekommen, dann können sich solche Männer als hinreißende Bettgefährten erweisen. Aber sie werden euch in dem Moment verlassen, wo sie durch euch ihrer wahren Natur begegnen, d.h. ihrem

Zorn. Sie werden glauben, dieser Zorn sei eure Schuld, sie selbst waren ja schließlich immer so lieb. Doch sie sind zornig, weil sie bei euch die lebenslange, Ego-nährende aber erstickende Hätschelliebe ihrer Mütter nicht wiederfinden. In ihrem Innersten fürchten sie, diese nun für immer verloren zu haben, weil sie mit euch der Mutter untreu waren.

"Routiniers" sind traurige Männer, die nach außen stark und zornig auftreten. Wenn sie etwas haben, das ihr an ihnen mögt – ihre Sexualität wird's wohl kaum sein – dann wird es euch monatelanges taktvolles Manövrieren kosten, bis sie bereit sind, ihre Traurigkeit zu erkennen, zuzugeben und auszudrücken. Sie sind matt und depressiv, auch wenn sie nach außen den großen Max spielen. Sie hatten oft harte, abweisende, oder auch abwesende, stark beschäftigte oder kranke Mütter oder mußten schon in jungen Jahren Verantwortung übernehmen. Verdammt viele Männer gehören in diese Kategorie. Sie wissen gar nicht mehr, was sie beim Sex tun und warum sie's überhaupt tun. Sex ist für sie reine Gewohnheit, kein Gefühl. Sie hatten zwar noch nie richtig lustvollen, heißen, instinktiven Sex, werden das aber nie zugeben. Sie fühlen sich in die Enge getrieben und reagieren dementsprechend abweisend: "Das ist ja lächerlich!" Solche Männer werden dich analysieren und dir dann klarmachen, daß das Problem genau andersherum liegt, nämlich in *deiner* Verklemmtheit, und da wollen sie dir gern behilflich sein, soweit es in ihrer Macht steht. Sie sind naiv und leicht durchschaubar ("Jungfrauen" sind dagegen trickreich). Sie mögen am liebsten junge Frauen, die kaum Erfahrungen haben und folglich keine Vergleiche ziehen können. Sie treten aggressiv auf, obwohl sie sich nach Sanftheit sehnen. Es paßt ins Bild, daß sie sauer reagieren, wenn du sagst, daß sie doch eigentlich mehr auf Gekuschel, denn auf Sex scharf seien. Sie masturbieren nur selten. Falls überhaupt, dann als Mittel gegen ihre extreme Einsamkeit und Depression, nicht etwa aus überwältigend sexuellen Gelüsten. Sie haben vergessen, was sie brauchen und können's folglich nicht genießen, wenn sie's kriegen. Sie sind im Sex total Yang - Empfänglickeit empfinden sie als bedrohlich.

Worin liegt nun die Lösung? "Jungfrauen" brauchen eigentlich einen Frontalzusammenstoß mit einer starken Frau (oder sechs), die ihnen das sanfte und scheue Getue austreibt. Falls ihnen solch ein glücklicher Zufall, d.h. Zusammenstoß, nicht zu Hilfe kommt, müssen sie sich eben auf die Suche nach einem machen, d.h. auf die Suche nach einer Frau, die sich kein X für ein U vormachen läßt. Und dann müssen sie

1. ihre Mütter aufgeben,
2. eingestehen, wie sehr sie ihre Partnerin hassen, die sie
3. aber trotzdem rasend begehren,
4. Sex und immer wieder Sex treiben.

Sehr aktiver Sex mit einer Frau, die weiß, was sie will, läßt einen Mann etwas erwachsener werden. Die sexuellen Aktivitäten dieses Männertyps sind immer sinnlich und tun nicht weh. (Gerade diese Männer werden aber immer behaupten, sie hätten Angst, der Frau weh zu tun – nichts als faule Ausreden, sag ihnen, sie sollen den Mund halten. Besänftigende Nachsicht wäre tödlich – für die Frau.)

Die "Routiniers" müssen *aufhören*, dürfen ewig lang keinen Sex mehr haben. Stattdessen brauchen sie viel Körperkontakt, Geborgenheit und Gespräche. Sie müssen weinen. Sie müssen lernen, passiv und nicht mehr die Aktiven zu sein. Sie dürfen sich nie mit Frauen einlassen, die ermutigt und unterrichtet werden müssen oder die nur Gefühle empfinden, wenn sie die passive Rolle haben. Sie dürfen sich auch nie darüber den Kopf zerbrechen, was die Frau gerade empfindet.

Ihr denkt, daß ich zu sehr verallgemeinere? Jeder Mann sei doch eine Mixtur der verschiedensten Eigenschaften. Stimmt! Trotzdem wißt ihr garantiert, zu welcher Kategorie ihr gehört, oder? "Jungfrauen" können sehr leicht "Routiniers" werden, wenn sie nicht aufpassen. Für einen "Routinier" ist es dagegen höllisch schwer, zu seinem "jungfräulichen" Zustand zurückzukehren. Das schafft er nur, falls er wirklich "aufbricht" und sein Gespür für das zurück gewinnt, was sein Körper ihm zu signalisieren versucht.

Wer das Spiel der Liebe zu seinem eigenen Wohle spielt und um sein Begehren zu befriedigen, wird intensivste und dauerhafte Lust empfinden. Wer jedoch nur mitspielt, um der Begierde einer anderen Person willen, der wird ermüden, all sein Begehren verlieren und am Ende unfähig sein zum Liebesakt

The Perfumed Garden, K.7

Für den "Aufbruch" bedarf es einiger Voraussetzungen: ein schalldichtes Schlafzimmer, eine Matratze auf dem Fußboden, keine Nachbarn, tolerante Freunde oder Freunde im gleichen Boot (also die meisten!), eine wirklich gute Partnerin und viel, viel Zeit.
Allgemeine Anweisungen: Schlagt mit Händen und Füßen um euch, schreit, singt (was immer euch einfällt), kreischt absurde Beschimpfungen, lacht hysterisch! Ja nicht aufhören, verstummen oder weggehen! Verkauft die Glotze (ihr werdet sie nicht mehr brauchen).
Theorie: Sexualprobleme haben fast nie etwas mit Sex zu tun. Sex ist der Brennpunkt, die Quelle der Energie, Antrieb und die Belohnung. Aber vergeßt all diesen Unsinn über Liebe. Ihr werdet's schon spüren, wenn sie da ist und wann sie da ist (meist nach einem guten sexuellen Erlebnis). Ihr werdet nie etwas spüren, solange ihr meint, daß ihr etwas bestimmtes spüren oder erleben müßtet. Ihr müßt den Menschen nicht unbedingt lieben, den ihr begehrt, müßt aber hart dafür arbeiten, ihn zu kriegen und zu behalten.

Galerie der typischen Spielarten

Problemfall 1: Ex und hopp!

Behold, I come quickly ...
Die Bibel

Dämliche Aufklärungsbücher bieten euch Techniken, "es länger hinauszuzögern". Dabei werden gerade dadurch Nervosität und Wut erzeugt – wie unterschwellig auch immer – das Geühl ge-

drosselt und die Lust und Phantasie gekillt – und eure Partnerin ist deshalb genauso unzufrieden wie zuvor.
Lösung: Macht daraus einen sportlichen Wettbewerb. Wenn ihr üblicherweise in knapp vier Sekunden kommt, dann versucht es jetzt in zwei. Es empfiehlt sich sicherlich, euch darüber mit eurer Partnerin zu verständigen, doch hat es keinen Zweck, sie um "Verständnis" zu bitten. Falls sie sich mütterlich gebärdet, wird sie eine spätere Chance nutzen, euch um so mehr fertigzumachen. Ihr werdet sehr, sehr tapfer sein müssen. Bisher habt ihr versucht, eure Partnerin zu besänftigen, sie auf Rosen zu betten, habt pathetische Versprechen gegeben, die ihr nicht halten könnt, aus Angst, sie könnte sich (aus gutem Grund) wütend oder kalt aus euren Armen lösen. Falsch! Katastrophal! Selbst wenn sie behauptet, sie mag das: sie lügt! Laßt lieber eurem verletzenden Verhalten auch noch verbale Beleidigungen folgen. Schreit sie an, wie es euch freue, wenn sie ordentlich frustriert sei, daß ihr gar nicht wollt, daß sie am Sex Spaß habe, etc. Wie gesagt, ihr müßt sehr tapfer sein. Warum sollt ihr sowas sagen? Fragt mich nicht. Ihr wißt es doch. Das ist es, was ihr wirklich empfindet. Wenn ihr schnell kommt, liegt das daran, daß ihr so schnell wie möglich wieder weg wollt, d.h. sie nicht ertragen könnt. Zwecklos mich vom Gegenteil überzeugen zu wollen, auch zwecklos, mir zu versichern, daß ihr sie liebt. Ob der Pudding schmeckt, entscheidet sich beim Essen, und dieser spezielle Pudding schmeckt für die betreffende Lady reichlich fade. Wenn sie gut erzogen ist, wird sie sich eine Weile Mühe geben, an euren guten Willen zu glauben. Allein, der gute Wille trägt auf sexuellem Gebiet nicht weit und bald wird sie euch demonstrieren, daß sie nicht befriedigt ist. Laut Kamasutra sind folgende Anzeichen alarmierend:

Sie läßt den Mann nicht aufstehen, fühlt sich mutlos, zuckt mit den Händen, beißt, tritt mit den Füßen nach ihm und bewegt ihren Körper weiter, nachdem er schon zum Höhepunkt gekommen ist.

Kamasutra, Kap. VIII

Da ihr euch sowieso auf einer verdammt abschüssigen Bahn befindet, könnt ihr euch also genauso gut eure Wut eingestehen. Ihr seid wütend weil
– sie eine Frau ist (wie eure Mutter).
– ihr sie braucht.
– sie einen Haufen Dinge gesagt und getan hat, die ihr seit dem ersten Tag eurer Bekanntschaft nicht ertragen konntet, ohne daß ihr je ein Wort darüber verloren habt.
– es gewisse Anzeichen gibt, daß sie den Sex mehr genießen kann als ihr, wenn ihr nicht gut genug aufpaßt, es zu verhindern.

Und somit seid ihr nicht mehr so scharf auf Sex, weil er sich als eine miserable Erfahrung erwiesen hat. Er sollte eigentlich nur für die Frau unerfreulich sein, aber dummerweise ist's auch für euch nicht gerade das Gelbe vom Ei.

Die Heilkur besteht in immer häufigerem Sex. Falls nicht, werden sich euer sexueller Drang, euer Haß und eure Anspannung aufstauen, begleitet von einem immer stärkeren Gefühl der Hoffnungslosigkeit. Wenn ihr die eben genannten Anweisungen befolgt, werden die Funken zu fliegen beginnen, sich rasch in Feuerwerkskörper verwandeln und dann in Mini-Vulkane. Gut! Das sorgt für eine lebendige Beziehung, was hingegen Selbstkontrolle und sexuelle Abstinenz bestimmt nicht schaffen. Je nach Stimmung müßt ihr folgendes tun:

1. Sagt ihr, daß ihr euch einen Teufel darum schert, ob's ihr paßt, und daß ihr es jedenfalls auf eure Weise tun werdet. Falls sie mehr haben will, muß sie euch schon vergewaltigen. Haltet ihre und auch eure eigene Wut aus. Die Versuchung, aufzugeben, wird gewaltig sein. Schließlich neigt ihr sowieso leicht zum Aufgeben, was an eurer speziellen Art von Wut erkennbar wird.

2. Solltet ihr große Angst davor haben, von ihr verlassen zu werden, wenn ihr schlimme Dinge sagt oder tut, dann weint ruhig *hinterher* und zeigt ihr so, daß ihr's nicht ertragen könntet, sie zu verlieren. Tut es aber nicht auf rührselige Weise, weil sie euch dann eine saftige Ohrfeige verpaßt, sofern sie noch einigermaßen bei Verstand ist. Tränen sind für die echte Rührung da, sie sind kein Ticket zurück zu Mammi.

Am fatalsten wäre es, wenn ihr euch wegen eures Problems in Depressionen flüchtet. Das wäre das Ende von euch und eurer Beziehung (nicht das Ende von ihr, denn sie wird einen Besseren finden). Eure Stärke liegt unter dem Zorn verborgen. Durch euer zu rasches Kommen spielt ihr den Schlappi, den Schwächling, den nicht erwachsenen Mann. Euer Zorn ist besonders groß, da ihr tief innen ja wißt, daß das alles nicht stimmt. Und doch scheint euer Verhalten beim Sex es immer wieder zu bestätigen. Ihr fühlt euch herabgesetzt – vor allem dann, wenn die Lady sich nicht zurückhält, euch auch noch sagt, daß ihr nichts taugt. Ihr habt die ganze Angelegenheit bis obenhin satt und denkt daran, auf Jogging umzusteigen. Ihr werdet den Sex nie genießen können, solange ihr euren Zorn hinunterschluckt. So groß ist euer Zorn und leider auch eure Furcht vor der Kraft, die ihr in euch spürt, daß ihr versucht seid, euch wie Schwächlinge zu gebärden und in Selbstmitleid zu schwelgen. Ihr hofft (oh, wie sehr ihr euch darin irrt!), daß ihr sie oder wenigstens den Kopf auf diese Weise nicht verliert. Ihr könnt den Gedanken nicht ertragen, sie entwischen zu lassen, weil ihr sie zwar bitterlich haßt (keine Widerrede, das ist sonnenklar), inzwischen aber auch unlösbar an sie gebunden seid: Schon allein, daß sie dich kleingekriegt hat! Daß gerade du ihr nicht genügst! Ihr müßt also etwas unternehmen, um euch als Mann zu beweisen – aber was? Bisher sind alle Versuche kläglich gescheitert, ihr zu demonstrieren, was für ein großer Macker ihr da "draußen" seid. (Kein Wunder, da sie schließlich weiß, wie ihr da "drinnen" seid!)
Die Situation ist ausgesprochen verpatzt, und es scheint keinen Ausweg zu geben. Wenn's nach euch ginge, hättet ihr wegen des gefürchteten "Hinterher" immer weniger Sex. Andererseits wollt ihr doch Sex (und die Frau), schon weil sich die zornige Spannung ständig steigert. Das führt dann dazu, daß ihr immer rascher kommt, wenn ihr eurer Lust nachgebt, bis es schon passiert, wenn ihr sie nur im Nachthemd seht. Sie aber entfernt sich immer mehr von euch, träumt vom Milchmann, ist zerstreut. Kurz, aus eurer einst so sinnlichen Freundin ist eine kalte Marmorstatue geworden. Das wäre ja noch zu ertragen, wenn ihr's glauben könntet. Aber ihr habt weder

vergessen, wie sie früher mal war, noch werdet ihr den quälenden Verdacht los, daß sie mit dem Milchmann nicht so kalt und abweisend wäre.

Also los, aufbrechen! Toben, Schimpfen und Haßtiraden auf alle verdammten Weiber. Ihr wünschtet, ihr könntet für Sex bezahlen und damit basta! Ihr wünschtet, homosexuell zu sein oder würdet euch lieber selbst befriedigen etc. Falls ihr den richtigen Tonfall trefft und aufrichtig empfindet, was ihr da rausbrüllt, falls ihr eure Verzweiflung über die Sackgasse zeigt, in die ihr euch manövriert habt, dann wird sie begeistert sein. (Wenn sie Stil hat, wird sie's allerdings nicht zeigen). Das ist zwar schön, hat aber nichts mit eurem eigentlichen Ziel zu tun – verwechselt das nicht! Eure eigene Energie aufzuladen, eure eigenen verborgenen Wahrheiten zu finden, ist das Ziel, das ihr mit eurem Getobe anstrebt. Vielleicht tröstet euch der Gedanke etwas, daß sie ja wohl kaum noch mit euch zusammen wäre, wenn an eurer Beziehung nicht auch irgendetwas Gutes wäre. Schon deshalb ist es ihr lieber, daß sich etwas verändert, weil der Milchmann ihr ja eigentlich egal ist!

Ihr müßt unbedingt lernen, die Situation zu bestimmen. Da ihr euch schuldig fühlt (was ihr auch sollt) und unzureichend (was ihr auch seid), neigt ihr natürlich viel eher dazu, schüchtern aufzutreten oder euch in die zuvor schon erwähnte und verpönte Depression zu flüchten, die in Wahrheit aggressiver Trotz ist. Tut es nicht! Kommandiert sie lieber mal herum! Sagt ihr, daß sie euch gehört. Kündigt an, daß ihr in den nächsten sechs Monaten jede halbe Stunde mit ihr ins Bett steigen werdet, bis ihr all euren Ärger und diesen verrückten Drang los seid. Und macht bloß eure Drohung wahr, sonst wird sie euch noch weniger mögen. Sagt ihr, daß sie sich ständig bereithalten müsse. Falls ihr täglich zur Arbeit geht, solltet ihr wenigstens alle Freizeitvergnügen sausen lassen. Verbringt stattdessen eure ganze freie Zeit mit Sex, sprecht aber nicht darüber, denn Diskussionen helfen euch nicht weiter. In eurem Fall hilft nur Aktion. Streitet euch oft und viel! Gute, laute und hitzige Streitereien. Dabei entblößt jeder sich und äußert grauenvolle Dinge, für die er sich hinterher nicht entschuldigt. Hinterher wird geweint und gelacht und miteinander geschlafen

(was automatisch zur nächsten Streiterei führt und so weiter). Eine schlechte Streiterei ist häßlich, verklemmt, kalt, zerstörerisch. Hinterher schämt man sich und ist einander noch fremder geworden.
Um die Dinge in Gang zu bringen, gibt's noch eine gute Methode: man bezieht enge Freunde mit ein; garantiert ist der eine oder andere in ganz ähnlichen Schwierigkeiten. Vermutlich ist euch noch nie dieser Gedanke gekommen, und witzigerweise geht's ihnen mit euch nicht anders. Wenn ihr's dann plötzlich zur Sprache bringt, werden sie zuerst erschrecken und dann erleichtert sein. Ja, sie hatten erst am Abend zuvor den selben Streit. Oder letzten Samstag. Oder sonst ist es sicher morgen abend soweit. Diese soziale Hemmschwelle zu überwinden, ist erstmal schwierig. Danach wundert man sich nur, warum man's nicht schon längst getan hat. Die Methode: Die Entscheidung treffen und tief durchatmen. Wenn ihr euch traut, seid ihr auf dem besten Weg, die verdammte Isolierung zu durchbrechen, die heutige Familien so oft zu einem privaten Elend verdammt.

Problemfall 2: Die Endlosnummer

Euer Penis wird hart, aber ihr empfindet nur wenig. Ihr könnt stundenlang mit einer Frau schlafen, wenn's euch paßt, aber es ist für keinen für euch besonders erregend.
Kein Wunder! Es kommt nämlich daher, daß euch eigentlich nicht danach zumute ist. Ihr habt den Bezug verloren zu dem, was ihr tut und warum ihr's tut. Ihr sehnt euch zwar nach etwas, aber nicht nach Sex. Ihr tut es für die Frau, um sie nicht zu verlieren, um ihr zu zeigen, daß ihr sie begehrt. Eure Anspannung manifestiert sich in eurer Erektion, die aber nur durch die Macht der Gewohnheit zustandekommt und reine Verdrängung ist. Das echte Bedürfnis sitzt in eurer Brust. Ihr sehnt euch nach Umarmungen, nach Zuneigung. Ihr müßt unbedingt wieder weicher werden.
Die Lösung? Einfach aufhören! Sprecht mit eurer Geliebten. Bittet sie, euch zu streicheln, und zwar überall, nur nicht dort. Konzentriert euch besonders auf die Brustgegend und atmet tief. Versucht nicht, irgendetwas zu tun. Gebt auf. Seid deprimiert. Ja, euch ist es erlaubt,

in Depressionen zu flüchten, denn für euch ist es gut. Ihr werdet euch dann tatsächlich besser fühlen, obwohl ihr mir das jetzt natürlich nicht glaubt. Ihr braucht eine gute Partnerin, die euch gern genug mag, um euch auch in diesem Zustand zu mögen. Tut sie's nicht, dann haltet ihr sie auch nicht, indem ihr "Sex mir ihr habt". Sex kann man nicht einfach "so haben" (sowenig wie die Frau), sondern Sex muß man fühlen. Wenn ihr eure Gefühle verloren habt, habt ihr die Beziehung zu euch selbst verloren. Wenn ihr euch selbst nicht mehr habt, könnt ihr auch schwerlich eine Geliebte haben. So einfach ist das.

Problemfall 3: Der Versager

Ihr fühlt beim Masturbieren mehr, als wenn ihr in eine Frau eindringt, d.h. ihr mögt Frauen nicht besonders gern, ihr mögt nur an sie denken. Vielleicht empfindet ihr sogar große Lust, während ihr sie streichelt und umarmt. Doch eure Erregung schwindet abrupt, wenn ihr in sie eindringen sollt. Vermutlich kommt ihr aber gar nicht so weit, da euer Körper – er ist ehrlicher als euer Kopf – euch im (un)geeignetsten Moment im Stich läßt.

Das läßt auf Furcht schließen. Furcht vor tiefen Gefühlen, Furcht vor der Macht der Frau über euch, Furcht vor eurer eigenen physischen Kraft, Furcht vor eurem Zorn, Furcht vor Verzweiflung, vor Versagen, vor Erfolg und – nicht zuletzt – Furcht vor der Furcht. Ein schwieriges Problem, obwohl die Auswirkungen harmlos erscheinen. Ihr habt viel Arbeit vor euch. Zuerst müßt ihr euch klarmachen, daß ihr eure Freundin nicht wirklich mögt. Es ist nämlich ausgeschlossen, jemand echt zu mögen, vor dem man im Grunde Angst hat. Außerdem mögt ihr keine weiblichen Genitalien, jedenfalls nicht in Fleisch und Blut. Theoretisch findet ihr sie vielleicht geil, aber praktisch stoßen sie euch eher ab.

Lösung: Ihr müßt in eure Angst hinein, es gibt keinen anderen Weg. Ihr müßt die Frau berühren, befühlen, erforschen, anschauen. Ja, schaut sie euch an – dort unten. Ihr werdet sie hassen. Es wird euch alles vergehen. Ihr werdet angeekelt sein. Vielleicht wird's euch sogar übel. (Einem Geliebten von mir passierte genau das – über mein ganzes Bett und den Teppich – so hat er auf perfekte Weise demonstriert, was sein Körper für mich empfand, obwohl er glaubte, er sei voller wunderbar positiver Gefühle für mich.) Ihr habt jetzt sicher Angst, daß meine angebliche Lösung für euch alles noch schwieriger macht.

Es wird auch schwieriger werden. Anfangs.

Ihr werdet befürchten, im Grunde homosexuell zu sein.

Ihr seid insoweit auch homosexuell, als ihr Männerkörper mehr mögt – vor allem euren eigenen.

Ihr befürchtet, eure Freundin zu verlieren.

Das würde mich übrigens nicht überraschen. Zum Trost kann ich nur sagen, daß sie euch sowieso bald davongelaufen wäre, so wie die Dinge zwischen euch stehen. Im Idealfall erträgt sie euch zähneknirschend, während ihr das alles durchmacht. Sie fühlt sich gedemütigt und wird sich all ihrer eigenen Schwierigkeiten bewußt. Und die hat sie sicher im Überfluß, da sie sonst niemals euch gewählt hätte. (Pardon, aber es hat keinen Sinn, etwas zu beschönigen.)

In eurem Fall ist es nicht gut, sehr emotional zu reagieren. Ihr solltet möglichst objektiv euren Zustand registrieren und euch dann an die Selbsterforschung machen. Ihr müßt wild entschlossen sein, alles herauszufinden, was euch angetan wurde und zu dem gemacht hat, was ihr nun seid.

Aus Angst vor den schier unüberwindlichen Hürden werdet ihr vielleicht ans Kloster denken. Wir nehmen aber zu euren Gunsten mal an, daß ihr in eurem Leben auch schon ein paar positive Erfahrungen gemacht habt. Stimmt's? Dann werdet ihr nämlich nicht kneifen. Allerdings dürft ihr euch nicht nur um eure eigenen Gefühle kümmern, sondern auch um die Gefühle eurer Partnerin. Die braucht ihr nämlich, um überhaupt weiterzukommen. One-night-stands helfen euch garantiert nicht weiter, da die Tiefe euer Problem ist – die dunkle, gefürchtete Tiefe der Frauen.

Offene Aggression hilft in eurem Fall auch nicht, obwohl sie euch sehr leicht fallen wird, wenn erst mal die dünne Tünche der Nettigkeit von euch abgeblättert ist. Leider ist aber alles, was euch leicht

fällt, nicht das Wahre. Ihr werdet wütend und zornig sein, doch das ist nicht die Wurzel eures Übels. Vielmehr Angst! Um eurer Angst begegnen zu können und etwas daraus zu lernen, braucht ihr die Geduld, das Verständnis, die Unterstützung und womöglich sogar die Liebe eurer Partnerin. Wenn sie nicht übermenschlich ist, wird sie euch öfters einheizen, um nicht an euch kaputtzugehen. Erwartet ihr also zuviel von ihr, seid ihr verloren.
Ihr müßt ganz ehrlich zu euch sein, wenn ihr die Schrecken eurer Vergangenheit aufarbeitet. Ihr werdet euch eingestehen müssen, wie wenig eure Mutter euch mochte (trotz des lieben Getues). Ihr kamt unter Qualen zur Welt. Ihr habt schauerliche Vorstellungen über das, was "da-unten" und speziell "da-drin" ist. Ihr müßt solche Vorstellungen nicht nur zulassen, sondern geradezu darin schwelgen, und sie werden ihre Macht über euch verlieren. Ihr müßt tief in sie eintauchen und sie dann aus euch rauslassen. Ihr werdet zittern, weinen und halluzinieren. Halluzinationen setzen ein, wenn die Ur-Energien eures Körpers mobilisiert werden, so daß Bilder aus euren Bewußtseinstiefen außerhalb von euch selbst sichtbar zu werden scheinen. Man kennt das von Drogen, doch ihr könnt's auch durch therapeutische Arbeit bei euch hervorrufen.
Bei alledem braucht ihr die Mithilfe eurer Partnerin. Erklärt ihr, daß ihr fest entschlossen seid, es durchzustehen, damit ihr beide endlich die richtige Freude aneinander finden könnt. Und dann beginnt die harte Arbeit. Tag für Tag oder – noch besser – Nacht für Nacht müßt ihr voll an die Dinge rangehen, die euch hemmen und verklemmen. Mit etwas Interesse an der Beschaffenheit der menschlichen Psyche wird eure Partnerin von euren Erkenntnissen fasziniert sein. Wer weiß, vielleicht wird sie sogar noch Psychologin. Sie hat garantiert das Zeug dazu, wenn sie euch weiterhelfen kann.

Problemfall 4: Die Nulllösung

Ihr habt überhaupt keine enge Beziehung.
Entweder habt ihr bisher überhaupt noch keinen Annäherungsversuch gewagt, oder keine der Frauen, die ihr bisher kennengelernt

habt, für gut genug gehalten, oder ihr wurdet abgewiesen und habt nicht den Mumm, es noch einmal zu versuchen.

Für euch liegt die Rettung darin, eure wahren *Bedürfnisse* zu erkennen. Ihr glaubt natürlich, sie gut zu kennen, doch das stimmt nicht, da ihr sonst längst eine Freundin hättet. Ein "hungriger" Mann verschafft sich immer was zu essen, falls es überhaupt noch etwas gibt. (Solltet ihr im Gefängnis oder in der Armee stecken, geschieht's euch ganz recht und es mag euch eine Lehre sein.)

Wenn ihr eure Bedürfnisse wirklich fühlt, ausdrückt und lebt, dann seid ihr attraktiv, auch wenn euch ein paar Zähne fehlen und ihr kaum noch ein Haar auf dem Kopf habt. Euer Körper ist dann lebendig, und lebendige Energie macht schön, nicht etwa dieser oder jener Gesichtsschnitt. Jedem von uns fällt auf Anhieb irgendeine "schöne Frau" ein, die stinklangweilig wirkt, und andererseits findet man häufig jemanden schön, der im herkömmlichen Sinn "häßlich" ist. Schwung und Energie werden euch zu der Frau verhelfen, die ihr braucht. Schlappes, resigniertes Auftreten wirkt ausgesprochen unattraktiv.

Was ist mit euch eigentlich passiert? Tja, irgendwann mal hat eure Mutter euch zu verstehen gegeben, daß ihr begehrenswert seid – ungeachtet eures Silberblicks, der Warzen auf der Nase und abscheulicher Angewohnheiten. Warum? Weil sie voller unbefriedigter Wünsche steckte, machte sie aus euch ihren Augapfel. Damit machte sie aus euch aber auch einen Menschen, der keine Ahnung hat, wer er wirklich ist. Indem sie euch mit faulem Zauber erfüllte, hat sie nachhaltig euer Bedürfnis nach gesunden menschlichen Kontakten unterdrückt. Und ihr führt ihr falsches Werk weiter, befriedigt euch mit Illusionen und Ersatzvergnügungen. Wie könnt ihr zu eurem vitalen Bedürfnis zurückfinden? Ihr werdet es gar nicht wollen. Dann müßtet ihr nämlich auf alle einlullenden Bequemlichkeiten verzichten, wie z.B. Luxusrestaurants, Alkohol, wohlige Wärme – alles per Knopfdruck. Stattdessen müßtet ihr die Kälte, Einsamkeit und Leere spüren, die unter der Angoraunterwäsche lauert. Ihr müßt ganz neu herausfinden, was jeder Teenager instinktiv weiß – wie sehr wir alle engen Kontakt mit einem anderen Körper brauchen.

Sobald ihr überzeugt seid, daß ihr den sexuellen Kontakt wirklich wollt, müßt ihr alles tun, um begehrenswert zu werden. Allerdings nicht mit Pomade, Rasierwasser oder maßgeschneiderten Hemden. Mit falschen Tricks landet ihr bei einer falschen Frau. Wer euch eine enge Beziehung wert ist, ist es auch wert, daß ihr viel dafür tut. Eure Aufgabe besteht darin, vitaler und klüger zu werden und öfter kritisch in den Spiegel zu schauen. Ihr braucht auch die ehrliche Meinung von Freunden, die kein Geheimnis daraus machen, was sie sehen (oder riechen). Falls ihr unangenehme Dinge über euch zu hören bekommt, müßt ihr genau registrieren, was dann in euch vorgeht. Euer Leben lang habt ihr in Selbstmitleid geschwelgt, habt euch falsch verstanden und unterbewertet gefühlt. Wieso sehen die Frauen nicht eure blendenden Qualitäten? Wieso kriegen immer die schlimmen, rücksichtslosen Männer die Mädchen? Ihr seid doch so nett! Mit der Welt scheint was nicht zu stimmen ...

Ihr müßt begreifen, wieviel Haß in euch steckt, wie sauer und bitter ihr seid, da könnt ihr noch so oft lächeln. Ihr wollt euren Haß nicht sehen, weil ihr sonst auch sehen müßtet, welch aktive Rolle ihr bei allem spielt, was euch widerfährt. Wenn ihr voller Haß seid, bekommt ihr keine Liebe, so einfach ist das. Ihr seid kalt geworden und verwöhnt euch zum Ausgleich mit den Annehmlichkeiten der Zivilisation. Ihr müßt euch "aufheizen". Mehr als alle anderen "Problemmänner" braucht ihr gute, vitale Therapie: nicht die Quassel-Sorte, sondern bioenergetische Therapie mit viel Schreien, auf Kissen einschlagen etc. Wie schwerwiegend die Probleme eines Mannes mit einer Frau auch sein mögen, mit einer Frau lebt er in einer Situation, die ihn fordert, ihn mobil hält. Ein Mann ohne Frau ist eine alte Jungfer: für ewig festgefahren, falls er sich nicht selbst einen kräftigen Schubs gibt.

Da sitzt ihr nun und dreht Däumchen. Ihr denkt, die perfekte Frau wird schon eines Tages auftauchen. Ihr haltet euch für ein männliches Aschenputtel. Wenn eure Traumfrau wie die Prinzessin im Märchen endlich erscheint, wird sie eure wahren Tugenden sofort erkennen, auch wenn ihr inzwischen alt und hinfällig geworden seid. Das ist der wohlbekannte, von Mammi suggerierte Hätschelkind-Unsinn.

Aber euer Tag wird nie kommen, so nicht! Euch fehlt eine komplette Berichtigung eures Selbstbildes, d.h. eine gehörige Portion Realität, um euch endlich von eurem Thron runterzuholen. Thron? Ihr findet euch doch immer klein, scheu und "nicht gut genug". Alles Quatsch. Ihr findet euch zu gut für alle Welt. Deshalb habt ihr auch immer viele Gründe parat, wieso ihr noch keine Frau habt. Kommt auf den Boden der Tatsachen runter und fangt von vorne an.
Falls euch das alles nicht paßt und ihr lieber eine Blitzkur wollt, dann könnt ihr ja die folgenden Empfehlungen aus dem *Kamasutra* ausprobieren:

Man schneide die jungen Triebe der Pflanze Vajnasunhi in kleine Stücke, tauche sie in eine Mischung von rotem Arsenik und Schwefel und lasse sie siebenmal trocknen. Wenn man mit diesem Pulver, das man dem Honig zusetzen soll, sein Lingam eingerieben hat, so unterwirft man eine Frau, sobald man sie besessen haben wird, ganz und gar seinem Willen. Oder man verbrenne in der Nacht die jungen Triebe derselben Pflanze; sieht man durch den Rauch den Mond golden, kann man sicher sein, bei jeder Frau Erfolg zu haben. Oder man werfe dieses Pulver, dem man noch ein wenig Affenkot zugesetzt hat, auf ein Mädchen, das noch Jungfrau ist. Sie wird dann keinen anderen erhören, keinen anderen Mann zur Ehe wählen als denjenigen, der diesen Zauber ausgeübt hat.

Kamasutra Teil VII, K.1

Problemfall 5: Don Juan

Ihr seid Nachtfalter, die herbeiflattern, herumflattern und dann plötzlich weg sind. Die Partnerin wird von heut' auf morgen abgeschrieben und abgeschoben. Ihr seid ein Charmeur mit blitzenden (eher gefletschten) Zähnen, ihr macht auf liebevoll, seid aber lieblos. Ihr versteht was von Autos, habt immer einen Kamm in der Hosentasche und einen Spiegel in Reichweite. Wißt ihr, daß Flirten etwas mit Feindseligkeit zu tun hat? Nein? Dann versucht euch mal eine Beziehung ohne Flirten vorzustellen. Was würdet ihr sagen? Wie könntet

ihr eure Füße daran hindern, schnell davon zu laufen? Was ist für euch die gräßlichste Situation mit einer Frau? In einen leeren Raum mit ihr eingesperrt zu werden, stimmt's? Verdammt dazu, mit ihr wahrhaftig zusammen zu sein. Warum habt ihr solche Angst? Warum seid ihr so verärgert?
Ich helfe euch nicht. Helft euch selbst!

Problemfall 6: Überdruß im Überfluß

Bei euch haben wir's mit einer schlichteren Version des Don Juan Typs zu tun. Ihr habt alles schon gesehen, getan, erlebt. Nichts kann euch mehr erregen, schon gar nicht eine Frau! Nichts bleibt zu tun. Ihr seid angeödet und überzeugt, daß Fußball, Surfen, Skilaufen, Kegeln mehr bietet als diese andere Sache – ihr wißt schon, welche. Ihr seid so an die 35 Jahre alt. Tja, für euch gibt's nur wenig Hoffnung, aber ich kann's ja trotzdem mal versuchen. Ihr habt geradezu panische Angst vor Liebeskummer. Vermutlich könnt ihr jede Menge rührseliger Geschichten vom gebrochenen Herzen aus eurer fernen Vergangenheit auftischen. Dabei wart ihr auch damals mit dem Herzen nicht voll dabei. Ihr habt zwar von der betreffenden Frau viel erhofft und erwartet, selbst aber wenig getan, um diese Hoffnung zu erfüllen. Ihr seht das ganz anders, ich weiß. Ihr habt nämlich alles Menschenmögliche getan, d.h. ihr wart für die Frau zu haben. Wenn das nicht generös ist!
Ihr seid nicht erwachsen geworden, aber vorzeitig alt. Ihr benehmt euch absolut dämlich, was die Beziehung zum anderen Geschlecht betrifft, haltet euch aber für sehr raffiniert. Ihr könnt ein heruntergekommener Säufer oder auch Fabrikdirektor sein, das Krankheitsbild ist immer das gleiche: ihr habt herumgespielt, herumprobiert, herumgeschlafen (eine Nacht pro Frau). Aber niemals habt ihr euch auf eine echte, leidenschaftliche Geschichte eingelassen, obwohl einige da noch nicht einmal abgeneigt gewesen wären. Vor denen habt ihr aber schleunigst Reißaus genommen. Für euch ist die Vorstellung, sich zu entscheiden und zu heiraten, der reinste Horror. Welch schreckliche Fehleinschätzung

ihr da begeht! Für euch gibt's nämlich erst dann wirkliche Erregung und Sexualität, wenn ihr gefühlsmäßig sehr engagiert seid. Eure Partnerin muß sehr stark und unabhängig sein, um nicht durchzudrehen, wenn ihr eure emotionalen Spielchen mit ihr treibt. Man muß euch fast wünschen, daß etwas – vielleicht ein Autounfall – euch hart genug trifft, um euch die Augen zu öffnen, wohin euer Leben steuert, nämlich nirgendwo hin. Wenn ihr dann endlich echtes Bedürfnis nach Liebe und Nähe zu empfinden beginnt, dann heißt es rasch handeln. Sucht euch eine passende Partnerin und harrt bei ihr aus, "bis daß der Tod euch scheidet". Sonst wird euer Leben eine einzige, endlose Enttäuschung. Schwierig ist für euch eigentlich nur der Entschluß zur Veränderung, denn die Gefühle habt ihr alle in euch. Die angebliche Abstumpfung ist nur Tarnung. Wenn ihr nicht zu starken Gefühlen fähig wärt, hättet ihr nicht ständig davonlaufen müssen.
Prognose: Gut, wenn ihr zur Vernunft kommt. Schlecht, wenn ihr bei eurer alten Tour bleibt.

Problemfall 7: Romeo, verheiratet

Ihr lebt in einer guten Beziehung. Auch der Sex ist häufig recht gut. Ihr liebt eure Partnerin. Aber auch andere Frauen sind weiter so attraktiv für euch, daß ihr Affären anfangt und folglich zu verlieren riskiert, was ihr habt. Ihr versucht, euren Impuls zu kontrollieren und solche Gefühle erst gar nicht aufkommen zu lassen, doch eure "Sucht" ist nicht so leicht zu heilen. Ihr wollt nicht untreu sein, aber euch laufen eben ständig Frauen über den Weg, und da werdet ihr halt immer wieder schwach.
Lösung: Ihr müßt euch an die Frau halten, die ihr gewählt habt und ihr reinen Wein einschänken. Im Grunde habt ihr nämlich schreckliche Angst davor, verlassen zu werden.
Ihr braucht die Unterstützung eurer Partnerin, weil ihr's sonst nicht schafft. Aber es wird euch verdammt schwerfallen, ihr schonungslos die Wahrheit über euch zu offenbaren. Was ist, wenn sie euch daraufhin verläßt? Probiert es trotzdem! Tut euch keinen

Zwang an, sondern weint und tobt, gebt zu, wie wütend es euch macht, so abhängig von ihr zu sein. Irgendwann einmal hat irgendwer aus euch einen unsicheren Menschen gemacht, der keine Verantwortung übernehmen will. Und folglich werdet ihr jetzt sicher eurer Partnerin die Schuld daran geben, daß ihr euch so mies fühlt. (Sie hat natürlich nichts mit den wahren Ursachen zu tun.)

Weil so viele widersprüchliche Gefühle in euch toben, seid ihr so attraktiv für Frauen – so seltsam das klingen mag. An euch ist etwas Lebendiges, Empfindliches, Verwundbares. Besonders die kleinen einsamen Mädchen werden magisch von euch angezogen und identifizieren sich dummerweise mit euch. Ihr prallt aufeinander, wie blinde Motten gegen eine Glühbirne, und keiner von euch sieht den anderen richtig. Als ständige Partnerin sucht ihr euch meist eine Frau aus, die sehr in ihrem eigenen Leben ruht. Sie ist euer Fixpunkt, von dem aus ihr eure Eroberungszüge startet. Ohne diese Frau wären eure Abenteuer schal und leer. (In gewissem Sinne seid ihr Selbstmordkandidaten.)

Falls ihr schon über dreißig seid, ist euch hoffentlich klar, daß eine solche Lebensweise wenig Sinn ergibt. Es ist euch aber nicht klar, was dagegen zu tun ist. Noch gibt's keine Zentren für anonyme "Sexaholiker".

Lösung: Radikaler Entzug, ein warmes Bett, "aufbrechen", viel weinen, viel reden, absolute Ehrlichkeit in jeder Hinsicht und totales Eingeständnis dessen, was ihr euch am meisten wünscht. Wenn ihr ernsthaft drangeht und nicht vorzeitig aufgebt, habt ihr gute Chancen, eine enge, haltbare Beziehung zu schaffen und anderen sogar zu helfen, da ihr eine tiefe Einsicht gewonnen habt, wie die (eure) Psyche funktioniert.

Problemfall 8: Frau! Nein danke.

Ich war ein Schwuler, als ich nach Atlantis kam – jetzt bin ich ein Sonderling

Pav, ein homosexueller Besucher in Atlantis

Ihr denkt, ihr seid homosexuell. Männer, die denken, daß sie homosexuell sind, sind es im Grunde selten. Ihr habt so starke Gefühle Frauen gegenüber, daß ihr sie nicht ertragen könnt – die Frauen oder die Gefühle. Wo Furcht und Abscheu existieren, kann keine Erregung entstehen, also erregen Frauen euch nicht. Mit Männern fühlt ihr euch viel sicherer.
Jeder Homosexuelle hat natürlich eine andere Geschichte. Einer, der bei mir in Therapie war, kam nach längerer Zeit hinter die wahre Bedeutung seiner Wahl. Er stammte aus einer streng katholischen Familie. Es war so, als würde er noch als erwachsener Mann zu seinem Vater sagen: "Ich bin ein braver Junge, denn ich treib' mich nie mit irgendwelchen Mädchen rum!" Stattdessen trieb er sich eben mit Jungs herum.
Ich kenne keinen einzigen Homosexuellen, der sich wirklich ändern will. Allerdings liebäugeln viele mit dieser Idee – und mit den Frauen, die bereit sind, ihnen zu diesem Zweck Energie und Aufmerksamkeit zu widmen. Das entspannt und erlaubt ihnen gleichzeitig die aggressive Haltung des "sieh mal, ich mag dich nicht und ich will dich nicht!" den Frauen gegenüber. Ein Homosexueller weiß nicht, worauf er verzichtet. Folglich kann er sein Leben lang glauben, es sei "Sex", was er in den öffentlichen Toiletten bekommt. Außerdem gibt's heute verdammt viele Leute, die ihm Rückendeckung (pardon!) geben und versichern, es sei alles okay. Homosexualität ist "in", so daß du in gewissen Kreisen als reaktionär verschrien bist, falls du nicht homosexuell oder bisexuell bist, falls du dich mit deinen "homosexuellen Tendenzen" in dir nicht konfrontierst etc.
Eine lange Phase voller Angst und Schmerz mit nebulösen Verheißungen am Ende: so erscheint dem Homosexuellen das Überwinden der Grenzen gegenüber der Frau. (Und so ist es auch.) Nehmen wir aber trotzdem mal an, daß es doch irgendwo einen Homosexuellen gibt, der vermutet, daß es doch noch mehr zu erleben gäbe. Vielleicht hätte er auch einfach gerne Kinder oder hat die Toiletten, die Promiskuität, die Anonymität satt und kann das Wort AIDS nicht mehr hören. Wie soll er die Grenzen überwinden?

Sehr viele Homosexuelle haben wunderbare Freundschaften mit Frauen (na sowas!), und viele Frauen würde es reizen, einen Homosexuellen zu "kurieren" – eine immense Herausforderung an ihre Weiblichkeit. Solche Freundschaften mit Frauen werden euch sehr helfen, aber nicht so, wie ihr denkt. Eine "verständnisvolle" Freundin ist in eurem Fall ein Todfeind, das Letzte, was ihr brauchen könnt.
Ihr braucht eine aufreizende, ausgesprochen sinnliche Frau, die im Idealfall eine gute Beziehung zu einem anderen Mann hat, euch also nicht unbedingt braucht. Wenn diese Frau den Ehrgeiz hat, euch zu helfen – vielleicht fasziniert euer Problem sie intellektuell – dann stehen die Chancen gar nicht so schlecht. Es könnte gelingen. Aber nicht mit Tee und Sympathie, sondern mit Herausforderung und Kampf. Sie muß euch frotzeln, ärgern, auslachen, provozieren. Ihr werdet verdammt wütend werden, dürft aber nicht aufgeben oder es ihr verübeln. Wut ist ein gutes Gegengift gegen Angst. Wenn ihr's schafft ein weibliches Wesen anzubrüllen und zu beschimpfen (statt so ekelhaft lieb zu ihr zu sein), dann wird eure Sexualität allmählich in eine andere Richtung gelenkt werden. Natürlich wird's immer wieder Rückzieher geben, wenn nämlich die Angst Überhand über die Wut gewinnt.
In jeder bösartigen Karikatur steckt ein kleines Stück Wahrheit. Die klassische Karikatur der "Schwuchtel" – kraftlose Bewegungen, das immer sanfte Wispern der Stimme – spiegelt die fehlende Aggression der Homosexuellen, ihren Widerwillen gegen Muskelkraft und dagegen, mal mit der Faust auf den Tisch zu hauen. Ein Homosexueller mag nicht *die* Männer, er mag sich selbst und will von allen anderen gemocht werden. Folglich ist es ihm zur zweiten Natur geworden, so wenig bedrohlich wie nur möglich zu wirken. Aber das ist nur Fassade. Was immer als die berüchtigte "Gemeinheit" der Homosexuellen die Runde macht, ist nichts anderes als die Kehrseite unterdrückter Aggression. Sie ist so weit verbreitet, daß sie in der homosexuellen Subkultur wohl oder übel akzeptiert wird.
Es gibt eine gängige Erklärung (typisch Mittelklasse, postfreudia-

nisch) für die "Homo-Dresche": dem Durchschnittsmann graut vor seinen eigenen homosexuellen Neigungen, er fühlt sich folglich bedroht und dadurch aggressiv, wenn er mit Homosexuellen "konfrontiert" wird. Also verprügelt er sie. Das klingt ganz glaubwürdig. Auch ich habe mein halbes Leben lang daran geglaubt; inzwischen nicht mehr. Dieselben Durchschnittsmänner, die "Homo-Dresche" betreiben – verbal oder auch physisch – fühlen sich in der Gesellschaft von Männern sehr wohl und sind auch ganz ungeniert im körperlichen Umgang. Außerdem – da muß man allerdings schon ein bißchen genauer hinsehen – haben sie durchaus Sinn für "zarte" Gefühle, d.h. sie helfen einander in Schwierigkeiten und können auch recht emotional werden. Warum also die "Homo-Dresche"?

"Kerle" der Arbeiterklasse mögen keine Aufgesetztheit und wittern alles Unechte wie Katzenpisse auf dem Teppich. Und die unterdrückte Aggression signalisiert nunmal etwas Unechtes: Man versucht vorzutäuschen, nicht zu sein, was man ist – nämlich ein Mann. Man verleugnet seine wahre Natur und spielt Theater, verweigert sich seinem männlichen Tatendrang und seiner natürlichen Aggression. Die Aggression ist aber trotzdem da. Wenn sie nicht offen herauskann, dann eben auf Schleichwegen. Genau dieses Leisetreten und die mangelnde Glaubwürdigkeit – keineswegs ein Monopol der Homosexuellen, das ist ja wohl klar – gehören zu dem Versuch, als Mann den Anspruch auf "Frau sein" zu erheben und wecken bei anderen Menschen Aggressionen. Das Glatte, Kraftlose stößt andere ab. Doch nicht nur die anderen. Jemand, der immer so demütig und sanft auftritt, kann meiner Meinung nach unmöglich mit sich zufrieden sein.

Falls ihr – wenn auch zögernd – einige dieser Eigenschaften bei euch wiedererkennt und etwas dagegen tun möchtet, gibt es nur eine Methode: Ihr müßt jede Gelegenheit ergreifen, um eure aufgestaute Aggression zu mobilisieren – vom Karatekurs bis zu lautstarken Krächen mit euren Freundinnen. Alles, was eure volle Körperenergie beansprucht, wird aus euch volle sexuelle Menschen machen, statt besessene, verspannte, rein penisorientierte Wesen.

Problemfall 9: Der Feminist

Ihr haltet euch für den besten Freund der Frauen. Ihr versteht ihre ganzen Probleme und habt wirklich Mitgefühl für ihre Lage. Ihr haltet euch für einen zärtlichen, aufmerksamen Liebhaber mit viel Verständnis dafür, welche Schwierigkeiten es mit sich bringt, als Frau geboren worden zu sein. Ihr macht vielleicht sogar bei einer dieser sogenannten "Männergruppen zur Bewußtseinserweiterung" mit. Doch eines schönen Tages trefft ihr eine energische Frau, die von eurer "Identifikation" nichts wissen will und sogar noch behauptet, daß eure Haltung im Grunde schlecht kaschierte Verachtung sei. (Ebenso unehrlich ist übrigens die gönnerhafte Unterstützung der Freiheitsbestrebungen von Schwarzen und die intellektuelle Anteilnahme an der geistigen "Misere" der Unterprivilegierten.) Jede Frau, die auch nur einen Pfifferling wert ist, wird euch einen Tritt in die – ihr wißt schon was – geben und euch empfehlen, einen Tag die Arbeit zu tun, für die eure Muskeln gemacht sind, statt euch in der Küche rumzudrücken und scheinheilig zu behaupten, abwaschen sei sicher anstrengender als den Garten umzugraben.

Wie steht's mit euch im Bett? Bevorzugt ihr Frauen, die eure Hilfe brauchen, um sich ihrer selbst als Frauen erst bewußt zu werden? Reizend von euch! Macht nur weiter mit eurem guten Werk. Gibt's bei euch nur Sanftheit, Nettigkeit und Verständnis? Geht ihr immer behutsam mit Frauen um? Natürlich tut ihr das. Und es gibt massenweise Frauen, die euch deswegen mögen. Frauen, die noch eine weite Strecke auf dem Weg zum Selbsterkennen vor sich haben. Oh, wie verächtlich schaut ihr auf die wilden, schnaubenden, schwitzenden, rücksichtslosen Männer herab! Wie kann nur eine einzige Frau einen solchen Kerl euch vorziehen?

Da ihr ja schon alles wißt (ihr habt's aus Büchern), kommt ihr gar nicht auf die Idee, Hilfe zu brauchen. Ihr seid so aufgeklärt und frei, daß ich euch keine Lösungen anbieten kann, denn ihr wißt sowieso besser Bescheid als ich. Warum stimme ich eigentlich nicht mit euch überein? Weil ich nicht "frei" bin. (Jedenfalls nicht

in eurem Sinn.) Ihr seid so Typen, die zu mir sagen: "Bist du wirklich so altmodisch und rückständig, daß es dir Spaß macht, die Socken von deinem Alten zu stopfen oder seine Unterhosen zu waschen?" Meine Antwort, daß ich mich wunderbar weiblich, glücklich und erfüllt fühle und in sexuellen Gedanken an ihn schwelge, während ich den Kram erledige, macht auf euch nicht den geringsten Eindruck. (Sicher denkt ihr, meine Empfindungen seien das Resultat meines "un-freien" Zustands.)
Ich behaupte jetzt, daß ihr mit Sex eigentlich nichts im Sinn habt. Warum nicht? Weil jeder echte Mann bis zu einem gewissen Maß anti-weiblich sein muß. (Der "Homosexuelle" ist viel sexueller als ihr!) Das starke Bedürfnis eines Mannes und seine Zuneigung zu einer Frau bringen ihn automatisch auf die Gegenseite. Starkes Bedürfnis ist schmerzhaft. Zwar auch erregend, stimmt, aber es tut weh. Ihr könnt nicht auf der Seite von jemandem sein, der solche Macht über euer Innerstes hat. Wenn ein Mann nicht spürt, welche Macht eine Frau über ihn haben kann, dann kommt er mit seiner Sexualität nicht klar. Und wenn er das nicht schafft, sollte er sowieso lieber den Mund halten.

Problemfall 10: Der Chauvi

Hier handelt es sich um gar kein echtes Problem, obwohl euch das heute ständig eingeredet wird. Falls ihr ein echter Chauvi seid, macht euch das aber nicht viel aus und ihr haltet eisern durch. Ein Problem seid ihr allerdings für Frauen, die noch nicht herausgefunden haben, wie man euch behandeln muß. "Chauvi-Schwein" ist nichts weiter als ein dämliches Etikett der Frauenbewegung für Männer, mit denen sie nicht fertig werden. (Indem sie die Männer als Sündenböcke abstempeln, versuchen sie natürlich auch, ihren eigenen inneren Konflikten aus dem Weg zu gehen.)
Du Chauvi! Dieses Schlagwort taucht heute ständig in Diskussionen auf, und dabei weiß kein Mensch genau, was es eigentlich bedeutet. Doch jeder Mann muß am Boden zerstört sein, wenn man ihn als Chauvi bezeichnet. Ich weiß zwar auch nicht genau, was

es bedeutet, aber es hat was damit zu tun, daß Männer sich treu bleiben, sich nicht beirren lassen und notfalls eben auch rücksichtslos gegen andere sind. Falls ein Mann darauf hereinfällt, ist er kein echter Chauvi und kann gleich zum nächsten Problem übergehen.
Ich verrate euch Chauvis jetzt noch was (gratis!) – und ich bin eine, die schon vor Jahren Annoncenverbot im "SpareRib" bekam, weil ich angeblich so "anti-feministisch" war. Also, mit euch bin ich viel lieber befreundet als mit dem zuletzt beschriebenen Problemtypen. Außerdem – das versteht sich ja von selbst – habt ihr viel mehr Sex Appeal. Der Feminist versucht, zu sein wie ich (wenn der wüßte!). Ihr aber seid ganz ihr selbst, und wenn ich euch will, dann muß ich eben einen Weg finden, um euch zu haben, ohne etwas von mir zu verlieren.
Falls ihr Schwierigkeiten mit eurer Freundin habt, solltet ihr euch das *Kamasutra* besorgen (die indische Chauvi-Bibel) und ihr diese Stelle vorlesen:

Eine Frau, die ihren Mann liebt, muß nach seinen Wünschen leben, gerade als ob er ein göttliches Wesen wäre ... Sobald sie nur seinen Schritt kommen hört, soll sie sich erheben, bereit, alles zu tun, was er befiehlt ... Wenn ihr Mann sich schlecht betragen hat, so darf sie ihm keine heftigen Vorwürfe machen, wenn sie auch ihr Mißvergnügen ein wenig zeigen sollte.

Kamasutra, Teil IV, K. 1

Wenn sie einen Wutanfall bekommt, ist es gut für sie.
Wenn sie säuerlich reagiert, ist Hopfen und Malz bei ihr verloren.
Wenn sie einen Knicks macht und mit Schalk in den Augen sagt: "Ja, mein Geliebter, aber natürlich, mein Gebieter", dann besteht zwischen euch eine echt sexuelle Beziehung, und ihr habt eine richtige Vollfrau.

Problemfall 11: Kinderlieb

(Ihr wißt schon, die Typen, die nur die unter Elf mögen)
Neigung zur Gewalttätigkeit steht dahinter. Kein Wunder, daß man sie im Knast so oft verprügelt.

Heute ist es modern zu behaupten, daß solche Typen "gestört" seien, geistig behindert oder so. Tja, es gibt viele moderne Ansichten, die auf den Müll gehören. Schließlich war ja auch mal die Idee modern, daß die Erde flach sei.

Ja, Gewalttätigkeit ist hier im Spiel. Haß und Abscheu, was Erwachsene betrifft, wie z.B. behaarte Frauen. Warum will jemand ein so viel kleineres, unerfahreneres und weniger entwickeltes Wesen als Sexpartner? Ihr Pädophilen glaubt natürlich, daß ihr diese kleinen Mädchen liebt und sanft behandelt, wie provozierend, frech, neugierig oder sogar sexy sie sich auch verhalten mögen. Aber vielleicht steckt doch etwas anderes dahinter, wenn einzig halbe Kinder euch "aufgeilen" können. Ist es etwa die Machtstruktur einer solchen "Beziehung", die erregend wirkt? Denn ihr habt hier ja eindeutig die Macht.

Warum sucht sich ein erwachsener Mann keine erwachsene Frau für seine sexuelle Befriedigung? Nein, kommt mir bloß nicht mit diesem abgelaberten Zeug über "Ängste, Phobien und sexuelle Zufallsprägung". Wenn ihr eine erwachsene Frau nicht konfrontieren könnt, dann euch selbst erst recht nicht. Ihr wollt nicht, daß man euch in Frage stellt, herausfordert oder sich euch widersetzt. Eure Ablehnung von Frauen ist vermutlich stärker als bei jedem anderen Männertyp.

Nun ist eine kurvige, provozierende Zwölfjährige zugegebenermaßen kein Kind mehr. Wenn ihr euch von ihr angezogen fühlt, ist das nicht so schlimm. Problematisch wird's erst dann, wenn ihr euch ausschließlich von Kindern angezogen fühlt, obwohl ihr selbst nicht mehr der Jüngste und Schönste seid. Falls ihr sie nur glatt, unbehaart und manipulierbar ertragen könnt, deutet das auf tiefe Abneigung gegen die Mutter hin. Ihr hättet ihr am liebsten was angetan, habt euch aber nicht getraut und könnt folglich jede Ähnlichkeit mit ihr bei anderen Frauen nicht ertragen.

Ihr habt aber trotzdem noch einen Pluspunkt: ihr seid sehr sexuell. Die "Böse Mutter" konnte "es" euch nicht völlig austreiben. Ihr habt sehr starke Triebe, die ihr nicht unterdrücken könnt — trotz der Gefahr, die damit für euch verbunden ist. Eure Gewalttätigkeit, die vermutlich gemein, gehässig und grausam ist, schlummert dicht unter der Oberfläche. Ihr kommt leicht an sie ran, falls ihr wollt.

Ein Jammer, daß die Gefängnisse in ihrem Strafvollzug nicht kreativer sind. Dann könnte man euch nämlich mit einigen militanten Frauen über vierzig einsperren, die einen Heidenspaß damit hätten, euch sexuell solange zu provozieren, (sie müßten gut in Judo sein), bis ihr zusammenbrecht und alle unflätigen Gedanken und Worte rausbrüllt, aus Furcht und Wut heult etc. Bis ... ja, bis euer Zorn und eure Sexualität sich vereinen und auf eine erwachsene Frau richten, die nämlich als einzige etwas damit anfangen und euch Befriedigung geben kann.

Ich sprach vorhin vom Gefängnis, statt von Encountergruppen, was eigentlich naheliegender wäre, da ihr überhaupt nicht motiviert seid, euch zu verändern. Ihr habt euren Spaß und kommt (wenn ihr Pech habt) damit durch, ohne daß man euch den Spaß verdirbt.

Problemfall 12: Nekrophil

Sie spricht und lacht selten ... Sie verläßt nie das Haus ... Sie hat keine Freundinnen ... Sie lacht nicht und vergnügt sich nicht, wenn sie ihren Mann in schlechter Stimmung oder voll Sorge sieht, vielmehr schmeichelt sie ihm, um seine Laune zu heben. Sie achtet darauf, vor ihrem Mann alles zu verbergen, was ihn abstoßen könnte

Über Frauen, die es verdienen, gepriesen zu werden
The perfumed Garden, K. 2

Jetzt kommen wir zu dem Typ Mann, der eine "tote" Frau haben will, d.h. eine, die gelernt hat, nichts mehr zu erwarten, die innerlich schon vor Jahren gestorben ist. Sie legt sich für euch auf den Rücken, ob sie euch mag oder nicht, und manchmal schläft sie dabei sogar ein. Sie hat gar nicht so unrecht, denn von euch ist sowieso nicht zu erwarten, daß ihr einer Frau etwas gebt. Ihr seid das Gegenstück zum Feministen, denn ihr seid überzeugt, daß Frauen minderwertig sind – darüber ist kein Wort zu verlieren.

Ihr lächelt zynisch, wenn eine Frau mal den kläglichen Versuch wagt, sich aus dem Staub zu erheben.
Es fällt euch nicht schwer, eine Partnerin zu finden, denn es gibt ja genug "tote" Frauen. Ihr habt nur ein Problem: ihr müßt euch lebendige Frauenkörper vom Leib halten, da euch sonst vielleicht wieder einfällt, daß Sex nicht nur 'ne schnelle Nummer mit einer mitternächtlichen Leiche sein muß. Ein Hackebeilchen unterm Kopfkissen hilft da bestens – falls eine dieser schrecklich lebendigen Frauen es auf euch abgesehen hat. Günstig ist es auch, sich irgendwo zu isolieren, wo kaum Chancen bestehen, daß eine Frau vorbeikommt, wie z.B. auf einem einsamen Leuchtturm oder hohen Berggipfel.
Merkwürdigerweise flirtet ihr nicht ungern ab und zu mit lebendigen Ladies. Habt ihr aber damit Erfolg und zeigen sie Interesse für euch, dann würgt ihr das ganze natürlich sofort wieder ab.
Im höchst unwahrscheinlichen Fall, daß ihr etwas gegen eure grauenvolle Situation (Wie? Was? Wieso denn grauenvoll?) unternehmen wollt, kann ich euch einen Tip geben. Ihr leidet an einem gigantischen Minderwertigkeitskomlex. Ihr seid in sexueller Hinsicht total unsicher. Ihr habt Angst, in den Armen einer wirklich sinnlichen Frau nicht viel zu taugen, wißt aber aus Erfahrung, daß ihr's glatt hinkriegt mit einer Frau, die keine Ansprüche stellt. Folglich geht ihr lieber auf Nummer Sicher. Schon der Gedanke an Erregung versetzt euch in Angst und Schrecken. Und doch ... ist euch nicht manchmal etwas einsam und langweilig zumute?

Problemfall 12(b): Raffiniert nekrophil

You don't like weak women
You get bored too quick
You don't like strong women
'Cos they're hip to your tricks
Lied von Joni Mitchell

Wir hatten's gerade mit dem unbewußt Nekrophilen zu tun: der arme Kerl weiß gar nicht, was wir meinen. Nun aber kommen wir

zu einem anspruchsvollen Exemplar, dem do-it-yourself-Typen, der sich nie mit einer Frau begnügen würde, die von Anfang an "tot" ist. Er will ganz von vorne anfangen, d.h. sich eine lebendige Frau suchen und sie selbst "tot machen".
Es ist dumm und primitiv, eine Frau à la Jack the Ripper zu töten, denn das geht pro Frau nur einmal, und hinterher ist es aus mit dem Spaß. Außerdem ist es nicht sonderlich sexy, und geschnappt wird man zum Schluß auch noch. Der anspruchsvolle Nekrophile sorgt schon dafür, daß sein Vergnügen und die betreffende Frau ein bißchen länger halten – so wie's die Katze mit der Maus macht.
Solch ein Mann sucht sich eine lebendige, sehr lebendige oder sogar äußerst lebendige Frau, je nach seinem Temperament. Und dann macht er sich daran, sie Stück für Stück, Schritt für Schritt sexuell abzutöten. Das kann einfach, nicht ganz so einfach oder sogar ziemlich schwierig sein, je nachdem, wie stark der allgemeine Lebensoptimismus der Betreffenden ist.Je schwieriger es ist, die Frau abzutöten, desto größer das Erfolgserlebnis und die Ich-Befriedigung des Mannes. Die sexuelle Befriedigung spielt hier keine Rolle, weil der Nekrophile darauf sowieso nicht scharf ist.
Es gibt vielerlei Methoden, eine vitale Frau "tot zu kriegen": ganz bewußtes Ausspielen einer (oder mehrerer) der bisher aufgezählten Problematiken, gezielte Verachtung und Zurückweisung, planmäßige Verweigerung sexueller Lust, gut plazierte Beleidigungen und Herabsetzungen, unvermittelte Bemerkungen über die Mütter, getrennte Betten und vieles mehr.
Ihr anspruchsvollen Nekrophilen könnt eure Schwierigkeiten einigermaßen in Griff kriegen, wenn ihr eure "Killer"-Absichten deutlich ausdrückt, während ihr körperlich das genießt, was ihr angeblich haßt, d.h. eine noch-nicht-tote Frau. Ihr könnt z.B. während dem Vögeln schreien: "Stirb, du Miststück! Halt's Maul, oder ich mach dich kalt." etc. Es empfiehlt sich allerdings, taube Nachbarn zu haben, oder ihr müßt eben eure Beschimpfungen im Kopfkissen ersticken (oder nach London ziehen, wo sich eh kein Mensch darum schert.)

Ehrlich gesagt, ihr seid ganz schön kaputte Typen. Aber immerhin könnt ihr froh sein, daß ihr Zugang zu euren negativen Gefühlen habt. Am schlimmsten sind jene Männer, die sich nur einbilden, Frauen zu mögen und auch noch auf lieb tun. Für die besteht wenig Hoffnung.

Problemfall 13: Der Sadist

Der Sadist ist eine noch bewußtere und anspruchsvollere Version des Nekrophilen. Er will keine tote Frau, das wäre für ihn nicht reizvoll genug. Er will eine Frau, die leidet, weil er nur dadurch sexuell stimuliert wird. Die meisten Sadisten wenden nicht etwa die groben Methoden an, die allgemein mit dem Begriff assoziiert werden, sondern wählen viel alltäglichere (und erfolgreichere!) wie: "Sag mir, wie du's am liebsten hast, Darling" (damit ich's mit Sicherheit nie tue). Kurz und gut, ihr Sadisten sorgt dafür, daß ihr auf eine Weise zum Höhepunkt kommt, wie's eurer Partnerin garantiert nicht gefällt. Noch raffinierter ist folgendes: Ihr sorgt dafür, daß sie nicht kommt, während ihr scheinbar alles tut, damit sie kommen kann. Hinterher habt ihr dann die Wahl, ob ihr mit ihr böse seid, weil's nicht klappte, oder ob ihr Mitgefühl heuchelt und versprecht, alles zu tun, um ihr zu helfen. Oder ihr tut so, als seid ihr am Boden zerstört, weil's bei ihr nicht klappte.
All diese Anstrengungen zielen darauf ab, daß die Frau geduckt ist und auch bleibt – krank und wund am Körper, geistig verwirrt, sexuell frustriert – damit der Mann sich stark und obenauf fühlen kann. Was steckt dahinter? Der Mann ist keineswegs überzeugt, aus seinem oder gar ihrem Körper all die Lust herauszuholen, zu der er vielleicht fähig wäre. Außerdem befürchtet er, daß der weibliche Orgasmus viel zu total, viel zu absolut ist, um es als Mann ertragen zu können. Folglich wird er ihn – verdammt nochmal! – bestimmt nie wieder zulassen.
Die Lösung könnt ihr euch sicher schon denken. All das kreativ, lautstark und extravertiert ausleben, während ihr lebendigen Sex genießt.

Problemfall 14: Der Sexualmörder

Ich kenne keinen Mann, der sich nicht gelegentlich mit dem Yorkshire Ripper identifiziert hätte. In unserer Kommune führte jedenfalls die Festnahme und der Prozeß des besagten Frauenmörders zu einer ganzen Reihe von Sessions, bei denen imaginäre Mütter und Freundinnen auf dem Küchenboden oder im Bett zerfleischt wurden. Eine relativ zivilisierte (und ungefährliche!) Weise, mit diesen Gefühlen umzugehen, die jeder Mann im Herzen hegt, der, wie Peter Sutcliffe (der Ripper) eine "liebe, engelsgleiche Mutter" hatte.
Geht bitte nicht mit einem Achselzucken über solche Mörder-Phantasien hinweg, denn das hilft euch gar nichts – wäre geradezu verdächtig. Solche Empfindungen müssen frei geäußert werden – nicht verstohlen, finster, bedrohlich. Der Mann sollte die volle Verantwortung dafür übernehmen und seine Partnerin in den Genuß der dahinter verborgenen Leidenschaft, Heißblütigkeit und Energie kommen lassen – ohne tödliche Folgen.

Problemfall 15: Der Enthaltsame

Hier haben wir einen Mann, der mit den bisher erwähnten Problemen nichts zu tun haben wollte und deshalb dafür plädiert, alle sexuellen Aktivitäten aufzugeben. Er ist dabei ein überaus sexueller Mann, der nicht weiß, wohin mit seiner Kraft und insgeheim hofft, daß ihn jemand von seiner Enthaltsamkeit erlöst. Vielleicht hat er Glück, vielleicht nicht.
Die Lösung: Enthaltet euch eurer Enthaltsamkeit! Überwindet eure eigenen Schutzwälle und überlaßt euch der Flutwelle eurer aufgestauten Gefühle.

Problemfall 16: Der Tierliebhaber

Analyse: Ihr mögt keine Menschen.
Problem: Tiere mögen euch nicht.
Lösung (für die Tiere): Ein gut gezielter Tritt in die Eier.

Problemfall 17: Der Voyeur

Für einen Voyeur ist es angenehmer, anderen Leuten bei ihren Beziehungen zuzuschauen, statt sich die Mühe einer eigenen zu machen. Ganz besonders freut ihn, wenn Beziehungen von anderen Leuten schiefgehen. So wird er in seinem Verdacht bestätigt, daß es sich sowieso nicht lohnt, welche zu haben. Er bekommt ja alles, was er braucht, durch seine lebensechte Peepshow und dünkt sich damit herrlich überlegen. Vielleicht gratuliert er sich sogar zu seiner ausgezeichneten Partnerwahl, d.h. zu sich selbst.
Wo ist also das Problem? Es gibt keins, es sei denn, die Leute mit Liebesbeziehungen schließen ihn aus ihrer Gesellschaft aus, da seine Neugier sie anwidert. Dann bleibt dem Ärmsten schließlich nur noch sein Gedächtnis als Stimulus. Oder er wird seiner eigenen Gesellschaft überdrüssig und beschließt, sich doch auf eine Beziehung zu einer Frau einzulassen. (Vielleicht ist er zufällig mal einem glücklichen Paar begegnet). Für diesen Fall hat er dann mehr oder weniger dasselbe Problem wie wir alle, nämlich wie findet man den passenden Partner? Vielleicht sollte er sich mal an mich wenden ...

Problemfall 18: Der Transvestit

Ich hatte mal eine ziemlich lange und sehr intensive Beziehung zu einem zehn Jahre jüngeren Mann namens Steve. Eine Laune der Natur hatte bei ihm keine Barthaare wachsen lassen, obwohl er schon über zwanzig war. Er war groß, stark und von Natur aus sehr männlich – und zudem noch sehr sexuell. Nach dem Bad zog er manchmal einen langen Kaftan an oder wickelte sich in einen indischen Rock. Wie so viele junge Männer der siebziger Jahre trug er die Haare schulterlang. All das minderte seine Männlichkeit und Anziehungskraft nicht im geringsten.
Nach Steve lernte ich Bill kennen, einen Transvestiten der privaten Sorte – kein Exhibitionist. Immerhin erzählte er's mir ...
Ich erinnere mich noch genau an einen Nachmittag, als ich ihn ermutigte, ein langes geblümtes Kleid von mir anzuziehen. Ich

wollte, daß er endlich seine Schuldgefühle los würde. Ich legte mich auf's Bett, schaute ihm beim Anziehen zu und fühlte mich sehr berührt durch das, was ich sah. Bill war normalerweise eher schroff, grob und wenig einfühlsam, auch sich selbst gegenüber. Doch als er mein Kleid überstreifte, entspannte sich sein Gesicht. Er schien den Tränen nahe und sah schöner aus als je zuvor (er ist bärtig und hat was vom Piraten an sich). Plötzlich schien er richtig verliebt in sich zu sein. Als wir dann miteinander schliefen, war er viel aufregender und sinnlicher als sonst.

Richtig übel wurde mir, als meine Schwester mir folgende Geschichte erzählte: Sie kannte mal einen Universitätsdozenten, einen verheirateten Mann mit Kindern, der sich in eine Lesbe verliebte. Sie wies ihn ab, weil er ein Mann war. Also unterzog er sich einer Geschlechtsumwandlung. Ja, er ließ sich den Schwanz abhacken und versuchte sich in eine Frau zu verwandeln. Die Lesbe hatte offensichtlich mehr Geschmack als er, denn sie wies ihn immer noch ab. Meine Schwester Snowy war zu jener Zeit in einer Frauengruppe, bei der dann auch der umgewandelte Mann mitmachte. Snowy sagte, es sei ihr immer so vorgekommen, als hätten sie einen Spion in der Gruppe.

Will ein Transvestit nicht nur die Klamotten wechseln, sondern sich wirklich verändern, kommt ihm der Umstand zu Hilfe, daß die Sache sich klar, offen und sichtbar äußert. Es ist viel schwieriger, mit unbewußten, verwickelten und versteckten Geschichten umzugehen. Der private, heimliche Transvestit hilft sich zunächst damit, daß er aus der Heimlichkeit und dem Schuldkomplex heraustritt und sich guten Freunden öffnet, sich zeigt und mit ihnen spricht. Er sollte versuchen, nach und nach in jene Bereiche seiner Sinnlichkeit vorzudringen, die er bisher nur durch seinen Fetischismus erreichen konnte.

Exhibitionistische Transvestiten, die dies als Zwang empfinden, den sie abschütteln wollen, müssen sich erst mal ihre Kleider-Manie total abschminken, bevor sie an Therapie denken können. Man kann das Rauchen auch nicht aufgeben, während man raucht. Auch hier ist eine unterstützende Gruppe die Lösung, so-

lange die Unterstützung nicht nur in einem geneigten Ohr und bestätigendem Nicken besteht. Unterstützung kann ruhig aggressiv und zornig erfolgen. Ein Transvestit glaubt, sich selbst partiell verloren zu haben, und versucht sich durch weibliche Aufmachung wiederzufinden. Doch das angeblich Verlorene ist ja nach wie vor in ihm und im Grunde auch erreichbar. Die Verkleidung ist ein absurder, kindischer und für Frauen beleidigender Kunstgriff, zu seinem verlorenen Terrain zurückzufinden. Sobald er sein zwanghaftes Verhalten losgeworden ist, kann er sich ruhig ab und zu den Spaß wieder erlauben, sich zu verkleiden und zu schminken.
Eine letzte Bemerkung: Was ist das für eine übertriebene Toleranz, die es Chirurgen gestattet, Hormonkuren zu verschreiben, männliche Genitalien zu entfernen und weibliche Genitalien plastisch nachzubilden, nur weil verwirrte zornige Männer sich nicht anders zu helfen wissen, als in ihrem introvertierten Selbsthaß zur Selbstverstümmelung zu greifen? Falls das einen "therapeutischen" Sinn haben soll, wie steht's dann mit Leuten, die ihre Gefühle dadurch wiederzufinden hoffen, daß sie sich mit Glasscherben Wunden zufügen? Sicher können die Ärzte da auch mit netten sauberen Betten in netten sauberen Krankenstationen helfen. Ich fände allerdings einen therapeutischen Tritt in den Hintern oft eher angebracht.

Problemfall 19: Der Masochist

Ein Masochist ist ein verfeinerter Sadist, ein Sadist mit besserem gesellschaftlichem Image. In unserem Kulturkreis ist es aus irgendeinem verschrobenen Grund ja besser, das Opfer anstatt des Angreifers zu sein. Der Masochist ist der schlimmste Drückeberger, den es gibt. Ich leide, jammert er. Schau, was du mir angetan hast, stöhnt er. Er schafft's immer wieder, getreten, gepeinigt und zurückgewiesen zu werden, so daß sein Glorienschein aus Schmerz immer heller leuchtet.
Der Masochist ist zornig. Zornig, clever und kompliziert. Gibt er seiner Frau eine Ohrfeige, wenn er wütend auf sie ist? Großer Gott, das wäre viel zu primitiv! Er benimmt sich so lieb und unter-

würfig, daß sie schließlich ihm eine runterhaut. Reagiert er zornig? Aber nein! Er verzeiht ihr und versucht noch, ihr bei ihrem "Problem" mit dem Jähzorn zu helfen. Also haut sie ihm noch eine runter — falls sie Charakter hat. Daraufhin zieht er sich in kummervolles Schweigen zurück, und sein blasses Gesicht trägt einen schmerzlichen, geduldigen Ausdruck. Doch laßt euch nicht täuschen. Er genießt das ganze ungeheuer! Immerhin hat er ja sein Ziel erreicht: er hat seine Partnerin dazu gebracht, an seiner Stelle zu handeln. Er stößt einen tiefen Seufzer der Zufriedenheit und Erleichterung aus, allerdings als Seufzer der Qual getarnt. Er fühlt sich sicher, warm und geliebt. Jemand mag ihn genug, um ihm eine runterzuhauen.

Ich kenne keinen Masochisten, der sich wirklich ändern will. Das Spiel ist viel zu perfekt: er muß nie ein emotionales Risiko eingehen. Immer ist jemand in seiner Nähe, der rascher reagiert und alles für ihn erledigt.

In sexueller Hinsicht ist er ein berufsmäßiger Versager, ein ewig Kränkelnder, ein Zu-Schnell-Kommer, ein Schlappschwanz. Das macht ihm aber gar nichts aus. Sein Ego ist ihm unwichtig. Energie zu bekommen, das ist wichtig. Verantwortung beiseite zu schieben — und damit seine Männlichkeit — ist wichtig. Er ist nur auf passive, Yin-hafte Art sinnlich. Er kennt keine Lust am Wagnis. Für ihn ist es lustvoll, sich in seinen miesen Vorurteilen gegenüber Frauen bestätigt zu sehen.

Okay, vielleicht gibt's wenigstens einen Masochisten unter euch, der jetzt die Hand hebt und erklärt, ihm hänge das ganze zum Hals heraus. Was solle er bitte tun?

Zu allererst deinen Zorn erkennen, eingestehen und daraus Konsequenzen ziehen. Dein Leben lang hast du anderen die Schuld in die Schuhe geschoben, hast angenommen, sie seien zornig auf dich. Sowas nennt man Projektion. Du bist nämlich der Säuerlichste von allen. Dein Zorn kommt wie ein Bumerang zu dir zurück. Die meisten Leute fühlen sich deshalb in deiner Gesellschaft nicht wohl, nachdem sie dich anfänglich dummerweise bemitleideten. Du wirst dich nie als ganzes Wesen fühlen, wirst nie am

Schalthebel sitzen und auch nie befriedigende sexuelle Erfahrungen machen, bevor du nicht begreifst, daß Aggression ein ganz natürlicher Instinkt ist.

Problemfall 20: Der Gedemütigte

Ich besuchte einmal einen Labour-Abgeordneten, der eine mürrische, gutaussehende Inderin zur Frau hatte, jünger als er und etwa halb so groß. Ich verstand damals noch nichts von Psychologie und war entsetzt über ihr Verhalten. Sie reizte, ärgerte und ironisierte ihn ständig, als ob mein Freund und ich gar nicht da wären. Ich war schrecklich verlegen, voller Mitgefühl für den Mann und Scham über die Frau. Welche Erleichterung, als wir endlich aufbrechen konnten! Ihr Mann nahm uns dann in einem Laster ein Stück mit. Ich saß auf dem Vordersitz – eingezwängt zwischen meinem damaligen, recht dicken Freund und der Beifahrertür. Doch diese Tür flog in einer Kurve plötzlich auf, und mit mir wäre es beinahe aus und vorbei gewesen.
Dieser Mann, der meine Tür "geschlossen" hatte, ist ein typischer Fall eines klassischen "Gedemütigten", der den armen Kerl spielt, scheinbar keiner Fliege etwas zu Leide tut und dann doch die Lastertür nicht richtig schließt bzw.seine Frau zu Tode frustriert. Der brave, liebe, hilfsbereite Mann, den jeder sofort sympathisch findet, der leider an die falsche (große, böse) Frau geraten ist. Er, der harmlose, stumme Dulder würde seine Frau natürlich nie beschimpfen. Nein, er schaut lieber verwundet drein, bleich, mit hängenden Schultern, so eine Art Christusverschnitt — fast kann man das Kreuz auf seinen Schultern sehen.
Dieser Typ ist eindeutig mit dem Masochisten verwandt, will aber nicht gepeinigt werden. Er will Liebe und Anerkennung von jedem, außer von seiner Frau. Sie ist nur das Werkzeug, um die Sympathie der anderen auf sich zu lenken. Die ganze Welt ist seine Geliebte, während seine Frau im Grunde seine Mutter ist, gegen die er lebenslang einen stummen, haßerfüllten Kampf führt. Er ist nicht sonderlich sexuell und auch gar nicht lieb. Bei Gele-

genheit eher böse und gewalttätig. Der Liebling aller – garantiert mit blauen Augen.
Für die Frau gibt's da nur die Lösung, sich möglichst rasch aus dem Staub zu machen. Das dürfte ihr aber gar nicht so leicht fallen, da sicher ein, zwei Kinder da sind – schon um das Bild des netten, liebevollen Familienvaters perfekt zu machen. Wegen solcher Ehen mußte Women's Lib entstehen, nicht etwa wegen jener Schlägertypen und Vergewaltiger, die jeder als solche erkennt.
Die Frau ist sich zwar klar darüber, daß sie unglücklich ist, aber nicht in der Lage, sich gegen die Isolierung zu wehren, in die er sie immer weiter treibt. Sie arbeitet ihm sogar in die Hände, indem sie durch ihr Verhalten jeden potentiellen Helfer fernhält.
Falls ihr Demütigen eine neue Einstellung zu eurem Leben gewinnen wollt, müßt ihr nur die Arme heben, euer Kreuz abnehmen und es euch genau anschauen. Dann werdet ihr feststellen, daß es nicht etwa Ähnlichkeit mit eurer Partnerin hat oder gar identisch mit ihr ist, sondern viel älter als diese Partnerschaft. Es ist so alt wie ihr selbst, denn euer Kreuz ist unterdrückter Zorn gegen die Einschränkungen und Bestrafungen in der Kindheit. Ihr habt bloß noch nicht gemerkt, daß ihr inzwischen viel größer und stärker seid als jene, die euch damals einschränkten.

Problemfall 21: Der Fetischist

Bei einem Fetischisten reagiert der Körper viel stärker auf Dinge als auf Frauen – Dinge wie Autos, Gitarren, Angelruten, Surfbretter etc. Solange die Beziehung zu diesen Dingen noch nicht so ausgeprägt ist, daß er darüber Frau oder Freundin völlig vergißt, besteht ja noch Hoffnung. Falls er sich schon in einem fortgeschrittenen Stadium befindet und eindeutig mehr Vergnügen an seinen Spielsachen hat als an ihr, dann sehe ich schwarz.
Falls der Fetischist früher mal Beziehungen zu Frauen hatte, dann aber aufgab, so werden wohl Erinnerungen an viel Unglück und Enttäuschung in ihm geweckt werden, sobald er seine Dinge beiseite legt. Falls er von vornherein keine Bezie-

hung zu Frauen hatte, so liegt dem panische Angst zugrunde. Mit bitter gewordener oder nie erfahrener Lust kann man jedoch sehr schwer arbeiten. In beiden Fällen fehlt jeglicher Antrieb. Vielleicht wird der erste Typus aus Vernunftgründen versuchen, wieder Lust mit einer Frau zu finden. Beim zweiten Typus hilft möglicherweise Beobachtung und Information.
Sich Verletztheit und Angst zu stellen, ist für einen Mann sehr unangenehm – noch unangenehmer, als seine Stärke und seinen Zorn zu konfrontieren. Wenn er Glück hat, begegnet er vielleicht einer Frau, die ihn so attraktiv findet, daß sie ihn aus der Defensive lockt. Ist er klug genug, wird er seine Utensilien beiseite legen und nach reiflicher Überlegung einsehen, daß selbst die schwierigste Frau – ob krank, alt, depressiv oder gar überschäumend fröhlich – besser zu umarmen und zu beschmusen ist als ein Hammer, ein Billiardqueue oder ein Batterieladegerät.

Problemfall 22: Die Taube auf dem Dach

Jetzt geht es um einen Mann, der immer irgendwo, in der Vergangenheit oder in unerreichbarer Ferne, eine bessere, schönere, sinnlichere, sensiblere Frau hat. Folglich ist die Beziehung zur derzeitigen Partnerin nur ein Notbehelf. Er kann sie jeden Augenblick aus x-beliebigem Grund verlassen oder zumindest so tun, als werde er sie sicher schon bald aufgeben.
Wozu dieses Spielchen? Er will, daß seine Partnerin sich unsicher fühlt und erpicht darauf ist, ihm zu gefallen und besser zu sein als die berühmte “andere”. Außerdem kann er sich’s leisten – so denkt er jedenfalls – sich mies und eklig aufzuführen, da seine derzeitige Partnerin ja unter Niveau ist.
Doch gibt’s dabei einen schwachen Punkt. Warum ist er denn nicht bei seiner Traumfrau? Er hat dafür garantiert ein halbes Dutzend schlechter Erklärungen parat.
Glaubt er eigentlich an seine eigene Story? Je weniger er daran glaubt, desto mehr Hoffnung besteht für ihn.
Es handelt sich hier, wie so häufig bei ungesunden Spielchen,

um eine Sucht. Er hat eine scheinbar bequeme Methode gefunden, um eine scheinbar unbequeme Konfrontation mit einem scheinbar erschreckenden Zug seines wahren Wesens zu verhindern.

Die Kur ist bei allen Süchtigen immer die gleiche: Man muß die Sucht aufgeben und die zugrunde liegende Furcht entdecken. Wenn in eurem Kopf das alte Lied losgeht "Eine andere Frau wäre viel besser ...", macht Schluß mit dieser Trennung zwischen eurem wirklichen Leben und eurem Traumleben. Schaut euch die Frau an eurer Seite genau an und macht euch klar, daß es eure eigene Unzulänglichkeit ist, die euch zu solchen Vergleichen treibt. Atmet tief, gesteht es euch ein und erkennt, daß ihr euch stets um Selbsterkenntnis und Selbstkritik herumdrückt und die Kritik lieber auf eure Partnerin projiziert. Im grellen Licht eurer zornigen Furcht könnt ihr bei ihr leicht sieben Warzen und fünfzehn Falten entdecken, während euer letztes Opfer, zwar verloren, in eurer Vorstellung jedoch immer perfekter wird.

Ihr könnt natürlich bis ans Lebensende so weitermachen. Angesichts eures aggressiven und unfreundlichen Verhaltens ist es sehr unwahrscheinlich, daß sich je jemand die Mühe machen wird, euch zu retten. Eure Partnerinnen haben genug damit zu tun, erwachsen zu werden und sich innerlich darauf vorzubereiten, euch zu verlassen. Mit anderen Worten, sie werden euch genau in der Furcht bestätigen, die euch ursprünglich zu diesem dummen Spiel getrieben hat.

Problemfall 23: Der verheiratete Onanist (Pst!)

Ein Mann, der sich von seiner Partnerin abwendet und lieber onaniert, tut das nicht etwa deshalb, wie er gern glauben würde, weil er frustriert darüber ist, keinen Sex zu kriegen, sondern vielmehr deshalb, weil ihn ärgert, erst gewisse Hindernisse überwinden zu müssen. Daß er diese Hindernisse im Laufe der Zeit selbst geschaffen hat, macht die Sache nur schlimmer.

Da dieser Typ im Grunde jedoch ein Beziehungsmensch ist, im Unterschied zum echten, einsamen Onanisten, und ihm außerdem

klar wird, daß die gewonnene Lust mehr mit Rache als mit Sex zu tun hat, endet das ganze damit, daß er vor lauter Wut weder ein noch aus weiß. Falls er erst seit kurzem zu dieser Art von Ersatzbefriedigung Zuflucht genommen hat, besteht noch Hoffnung. Lebt er schon seit langem so, hat er schlechte Karten. Langjährige Blockierungen sind leider sehr widerstandsfähig.
Wie kam es überhaupt dazu? Er war wütend darüber, daß sich die Frau ihm gegenüber verschloß, nicht bereit war, ihm den Sex auf dem Silbertablett zu servieren. Er findet das ganz und gar nicht okay. Ehe bedeutet für ihn ein Garantieschein für Sex und damit basta. Jedes Versagen muß bestraft werden.
Damit wissen wir also, daß der verheiratete Onanist, der sich mitunter sogar für liberal halten mag, ein erstklassiger Chauvi ist. Eigentlich besteht zwischen so einem Typen und dem heimlichen Ehebrecher oder Ehemann, der zu Prostituierten geht, kein Unterschied. Er ist höchstens noch kleinlicher, da er weder sich selbst noch sein Geld einbringen will.
Dieses Problem kann dummerweise nur über das Denken gelöst werden. Folglich schafft das auch nur ein sehr kluger Mann. Es geht darum einzusehen, daß man sich mit Schuldzuweisungen zwar leicht aus der Affäre ziehen kann, eben das aber nichts nützt. Denn mit der Zeit werden die Schuldzuweisungen nicht mehr ernst genommen, d.h. *er* wird nicht mehr ernst genommen. Sein Problem kann wohl kaum die Schuld seiner Partnerin sein. Es ist nun mal seine Sache zu werben, zu erobern und zu heiraten. Falls er darin versagt, versagt er auch als Mann. Tut mir leid, meine Herren, aber ich hatte ja auch nicht vor, euch zu trösten ...

Problemfall 24: Impotenz

Die gibt's gar nicht. Impotenz ist kein Leiden, sondern eine Ausrede. Ebenso wenig existiert übrigens "Frigidität" – meist das Resultat seines frigiden Verhaltens.
Impotenz ist eine wunderbare Ausrede, um nicht herausfinden zu müssen, zu welcher der bisher genannten Kategorien ihr ge-

hört. Deshalb habt ihr euch gleich von Anfang an allen sexuellen Beziehungen verweigert. Impotenz ist solch ein schreckliches "Problem", daß alle Argumente verstummen. Ihr genießt eine Sonderstellung, die ihr hegt und pflegt.

Impotenz bedeutet landläufig mangelnde Kraft. Humbug! Es gibt kaum etwas Kraftvolleres als die Waffe der Impotenz. Mein Kompliment, ihr kriegt den ersten Preis für das Aufrichten des stärksten Bollwerkes gegen jede Art von Involvierung – wenn's auch das einzige ist, was ihr aufrichtet.

Gibt's eine Kur? Solltet ihr euch ehrlich für eine interessieren, dann sage ich euch gleich, daß sie nicht auf sexuellem Gebiet liegt. All das Reiben, Streicheln, Liebkosen, Stimulieren durch Bücher, Filme, Gespräche oder Berührungen ist nutzloser als nutzlos. Die Aufmerksamkeit muß total von eurem Exhibitionismus abgelenkt werden. Wie bitte? Wieso denn Exhibitionismus? Schon gut, aber wir wollen nichts mehr über euer schlaffes Glied hören. Weit interessanter ist, was ihr an anderen Körperstellen spürt, z.B. eurem Kiefer und euren Fingernägeln? Was spürt ihr, wenn ihr die Augen zusammenkneift und eure Partnerin anschaut? Wie sehen eure schwärzesten Gedanken aus? Hier liegt der Schlüssel zu eurem gestauten Fluß. Hier haben wir die Methode, euch anzuheizen. Aber seid ihr auch wirklich sicher, ob ihr die Kur wollt? Im *Perfumed Garden* findet ihr noch einen Tip unter der Überschrift: *Rezepte für die Verfeinerung und Vergrößerung des kleinen Glieds*

Für eine solche Kur empfehle ich den Gebrauch eines Eselsgliedes. Man bereite es zu, indem man es mit Zwiebeln und sehr viel Mais kocht. Hinterher esse man noch Geflügel.

The Perfumed Garden, K. 7

Problemfall 25: Der Liebeshändler

Wenn Musik die Nahrung der Liebe sein soll, dann schaltet sie am besten ab und steigt ins Bett, bevor ihr Rost ansetzt. Liebe ist immer der Mörder der Lust.

Es war einmal und übrigens noch viele andere Male, daß ich mich verliebte. Daraus wurde dann eine jener ausschließlichen Beziehungen, wo man füreinander wie geschaffen ist, alles gemeinsam tun, überall zusammen hingehen will, die gleichen Gedanken hat, die gleichen Träume, sich die ganze Nacht im Arm hält und nicht weiß, wie man eigentlich existiert hat, bevor man sich kennenlernte. Die Beziehung hielt ein Jahr. Zusammen blieben wir eineinhalb Jahre. Das letzte halbe Jahr herrschte Feindseligkeit und nackter Haß. Während der zwölf Monate unserer Liebesbeziehung gab es, soweit ich mich erinnern kann, keinen Sex. Er war "impotent". Allerdings fiel mir auf, daß er morgens immer eine Erektion hatte, die er schamhaft zu verbergen versuchte, indem er wie ein Blitz aus dem Bett sprang. Im letzten halben Jahr unserer Trennung schliefen wir ein paarmal miteinander, und ich hatte zu meinem maßlosen Erstaunen sogar ab und zu mal einen Orgasmus. Das ließ ich ihn aber nicht merken, denn ich haßte ihn viel zu sehr.

Inzwischen – fast zwei Jahrzehnte später – träume ich nicht mal mehr davon, "jemanden zu lieben". Schon der Gedanke macht mich krank. Natürlich gibt's trotzdem noch jede Menge Liebeshändler in meiner Nähe. Sie sind folgendermaßen zu erkennen: Sie haben einschmeichelnde Stimmen und große verträumte Augen. Sie sitzen anbetend zu Füßen ihres Liebesobjektes und passen sich jeder Bewegung und jeder Laune an. Sie verwickeln das auserwählte Liebesopfer in ein subtil gesponnenes, klebriges Netz. Lodernde Eifersucht, Wutanfälle und Vorwürfe scheinen immer dazu zu gehören. Ich *liebe* dich, deshalb mußt du... Doch normalerweise ist alles ruhig. Sehr ruhig. Tödlich ruhig. Nur liebende Blicke und streichelnde Hände, Arme um die Taille, telepathische Botschaften, koordinierte Bewegungen – und starke Barrieren gegen den Rest der Welt. Nichts und Niemandem darf gestattet werden, die *Liebe* zu bedrohen. Sie ist kostbar, etwas ganz Besonderes und muß behütet werden.

Liebende streiten sich gelegentlich auch, aber nicht ernstlich. Nicht etwa so, daß die Beziehung gefährdet würde. Es wird nicht

mal behutsam mit dem Fuß aufgestampft. Kindlichkeit ist charakteristisch für einen Liebeshändler. Er bietet sich der Partnerin als Kind an und will, daß sie ihrerseits ein Kindchen ist.
Sex ist nebensächlich, denn *Liebe* ist ja alles. Und der Sex ist verkrampft, da kein Zorn, keine Frustration oder Enttäuschung geäußert werden dürfen. Um die *Liebe* zu bewahren, müssen alle anderen Gefühle geopfert werden. Liebe ist nämlich ein heftiger Ego-Trip: "Siehst du, sie liebt mich, also bin ich liebenswert. Falls *du* mich also nicht liebst, stimmt bei dir was nicht." Liebe ist tatsächlich blind, nicht nur gegenüber dem geliebten Wesen, sondern ganz besonders sich selbst gegenüber. Wenn du dich auf die Liebe konzentrierst, kannst du leicht alle gefährlicheren – und aufregenden – Gefühle vergessen. Liebe besiegt alles. Ja, und ganz besonders besiegt sie deine Sexualität, denn du kannst dich doch nicht wie ein brünstiges Tier deiner sanften Geliebten nähern. Der Liebeshändler liebt letztlich nur sich selbst, ist verliebt in seinen Stil, seine Art, seine Schrift, sein Selbstbild. Liebe ist eben nicht sexy.
Ein Liebesbiß gleicht dem Saugen eines Vampirs. Es ist der Versuch, den Lebenssaft der Liebsten, ihre ganze Substanz und Energie zu absorbieren, um sie für immer zu haben, damit dies kein anderer bekommen kann, sie selbst am wenigsten.
Der Liebeshändler braucht keine Kur, keine Lösung und auch keinen Rat, weil die Zeit sich seiner schon annehmen wird – meistens sehr rasch. Die Realität verlangt nach ihrem Recht, schon weil solch ein klebriges Spiel ein unmenschliches Maß an Energie erfordert. Außerdem ist es ganz und gar nicht selbstbestärkend. "Nichts ist so tot wie eine tote Liebe", heißt es. Stimmt, denn sie war sowieso nie wirklich lebendig. Nicht vergleichbar mit einem Leben, das zwar voller Kämpfe, dafür aber auch voller Leidenschaften ist und nicht so lauwarm, wie das Getue des Liebeshändlers.
Ein Händler ist bekanntlich jemand, der dir etwas verkaufen will. Ein Liebeshändler will dir seine Schokoladenseite verkaufen: er ist nett, lieb, gut, zärtlich, harmlos. Weil er besonders nett zu dir

ist, mußt du auch ganz besonders nett zu ihm sein. Und weil ihr beide so lieb seid, wird auch jedermann lieb zu euch sein. Sollte ein Liebeshändler an deiner Tür klingeln, sagst du am besten: "Ich muß erst meinen Mann fragen ..."

Problemfall 26: Keine Lust zu gar nichts

Ein Mann gilt als wenig leidenschaftlich, wenn seine Lust beim Geschlechtsverkehr nicht groß, sein Samenerguß dürftig ist, und wenn er die heißen Umarmungen der Frau nicht ertragen kann.

Kamasutra, Teil 2, K. 1

Hier ein Mittel zur Steigerung der sexuellen Kraft: Man trinke gezuckerte Milch, in der die Hoden eines Widders oder Geißbocks gekocht wurden.

Kamasutra, Teil 7, K. 1

Wenn ein Mann seine sexuelle Kraft beim Geschlechtsverkehr steigern will, kann er Fett vom Kamelhöcker schmelzen und sein Glied kurz vor dem Liebesakt damit einreiben. Dann wird es Wunderdinge vollbringen, und die Frau wird sein Loblied singen.

The Perfumes Garden, K. 13

Es heißt, daß man durch die Lektüre des Koran Lust auf Geschlechtsverkehr bekommt.

ibid. K.7

Wenn man regelmäßig Kamelmilch mit Honig trinkt, steigert sich die sexuelle Aktivität auf unerhörte Weise; das Männliche Glied ist dann Tag und Nacht bereit.

ibid. K.20

Das Glied von Abou el Heiloukh blieb dreißig Tage ohne Unterlaß erigiert, weil er Zwiebeln aß.

ibid. K.20

Problemfall 27: Der Philosoph

Tagsüber ist er galant, sexy, vielleicht sogar zudringlich. Sobald es dunkel wird und sie in seinen Armen liegt, merkt sie, daß er nur das Eine will: nämlich ihr Ohr. In dieses Organ verströmt er nun seine kostbaren Ansichten über Gott und die Welt. Da die Frau darauf bestimmt nicht aus war, ist solch ein Erlebnis äußerst irritierend – fast schon beleidigend.
Die Lösung für die Frau: Ohrstöpsel
Ein Vorschlag für die Hersteller von Sexutensilien: ohrförmige Vaginas
Kur für den Philosophierer: Maul halten!

Problemfall 28: Inzest

Es klingt unerfreulich ... muß aber trotzdem gesagt werden: jeder Mann, der wirklich frei und glücklich im Liebesleben sein will, muß seinen Respekt vor Frauen aufgeben und sich mit der Idee des Inzests mit Mutter und Schwester vertraut machen.

Sigmund Freud, 1924

Keine Angst! Wir tun's doch alle. Wenn nicht direkt mit eigenen Familienmitgliedern, dann eben später mit "Ebenbildern". Es handelt sich um die gängigste Form von Sexualität – unvermeidlich in einer Gesellschaft, die den Einzelnen in festgefügte Zellgruppen sperrt, denen nicht ohne weiteres zu entkommen ist.

Incest is best: oh yes!

Es war einmal, man kennt es schon,
ein Mann, eine Frau und dazu der Sohn.
Der hing der Mutter an der Brust,
so hat sie zum Vögeln nur wenig Lust.
Der Mann aber schmollt,

wird wütend und grollt.
Auch er will die Mammi für sich ganz allein,
will nicht fünftes Rad am Wagen sein.
Frustriert widmet er sich ganz anderen Dingen,
wie Basteln, TV, tut Golfschläger schwingen.
Um sie zu kämpfen, kommt ihm nicht in den Sinn,
ihre Zeit ist schließlich sein Recht schlechthin.
Und die Frau denkt, ach soll er,
mein Sohn ist viel toller,
ist süß und charmant,
wird sicher mal Bauer und ganz rasant.
Sie betüttelt und füttert
hegt und bemüttert
den Kleinen,
läßt den Mann links liegen,
statt noch etwas zurechtzubiegen.
Aus dem Kind wird ein Mann, er geht auch mal aus,
doch kommt er immer zu Mammi nach Haus.
Den Vater hinter der Zeitung, den kennt er nicht.
Er liebt nur die Mamma, denn sie betört ihn,
das launische Schmollen des Alten stört ihn.
Er würde wirklich alles geben,
nur für die Mamma will er leben.
Nicht wie der schreckliche Papa,
so garstig und kalt und eklig zu Ma.
Und die Mutter blickt gerührt in die Ferne,
"Ach Sohn," sagt sie, "ich hab' dich so gerne,
ich werde dich lieben bis in den Tod."
Und auch er verspricht, in Glück und Not
sie und nur sie zu lieben.
Und so ist es auch geblieben.
Doch eines Tages war Mama tot.
Da nahm er sich schnell die Susi zur Frau,
doch diese Sache war eher flau.
Susi wollte nicht wie Mammi sein,

sie schenkte ihm nicht den Kaffee ein.
Für sie war er auch nicht der strahlende Held.
Das hatte ihm bisher noch niemand erzählt.
Er verstand einfach nicht, was sie von ihm wollte.
Da zog er sich zurück und schmollte.
Und Susi widmet sich ganz ihrem Sohn.
Es war einmal, man kennt es schon ...

Snowy James

II

Einblick

in die Tiefen und Untiefen der männlichen Seele, die sich hier selbst enthüllt.

Vor langer Zeit lebte einmal ein Wahrsager in Theben, der eines Tages auf zwei kopulierende Schlangen stieß. Er tötete die weibliche Schlange und wurde daraufhin in eine Frau verwandelt. Er war mit dieser Verwandlung sehr zufrieden, denn er stellte fest, daß eine Frau den Geschlechtsverkehr zehnmal mehr genießen kann als ein Mann. Daraufhin wurde er noch einmal bestraft und in einen Mann zurückverwandelt.

Aus *Women of Omdurman* von Anne Cloudsley

Als mir etwa 1980 die Idee zu diesem Buch kam, lebte ich noch in der rosigen Vorstellung, unsere Männer könnten dank unserer Therapie auf sexuellem Gebiet erwachsen werden. Doch leider weit gefehlt.

Das begonnene Manuskript stand im Regal und wurde staubig. Ich begann, an anderen Texten zu schreiben und wartete, daß sich das Wunder doch noch vollzöge. Ich zerstritt mich fast mit meinem Verleger, der die Einleitung zu diesem Buch schon auf Messen und bei Literaturagenten herumgereicht hatte. Wo bleibt das Buch? Wo bleibt das Buch? löcherte er mich immer wieder und reagierte total entgeistert, als ich ihm sagte, daß ich stattdessen ein anderes geschrieben hätte. "Ich kann kein Sexbuch schreiben", sagte ich. "Erstens habe ich keine sexuellen Erlebnisse, zweitens haben die Männer in der Kommune auch keine oder nur miserable. Und drittens bin ich darüber völlig verzweifelt und glaube kaum, daß da noch was zu machen ist.

Dann vor ein paar Monaten – immerhin im reifen Alter von 43 – kam mir bei Gesprächen mit meiner Schwester die Idee, daß man ja auch ein Buch über Männer schreiben könnte, die festgefahren sind, oder deren Bewegung – wenn überhaupt – man ebenso wenig beobachten kann wie das Wachsen eines Grashalms.

Einem Mann fällt es leichter, seine Gedanken, Gefühle und Erfahrungen niederzuschreiben – leichter als sie einer Frau mitzuteilen. Auf diese Weise haben wir in den letzten Jahren wundervolle Aussagen von Männern bekommen, die leider alles andere als wunderbare Männer sind. Es war für mich sehr heilsam, ihre Aussagen zu lesen und dadurch ihre Erfahrungen zu teilen. Mit Ausnahme gewisser redaktioneller Korrekturen habe ich fast alles so gelassen, wie es von den Männern niedergeschrieben wurde. Doch zunächst noch einige Gedanken meiner Schwester Snowy dazu:

"Nach der Lektüre dieses Manuskripts komme ich mir fast wie die Nutte dieser Kommune vor. Eine Vorstellung, die mir gar nicht gefällt. Wenn es in meiner Macht stünde, hätte ich lieber nur eine, dafür echte, Beziehung zu einem Mann, und zwar zu einem, der bereit ist, auftretende Probleme mit mir gemeinsam zu lösen. Doch in den letzten sieben Jahren, seit ich selbständig geworden bin und mir nichts mehr bieten lasse, mußte ich feststellen, daß das Engagement meiner Liebhaber sehr kurzatmig ist. Sie bleiben genau solange bei mir, bis ihnen irgendein Gefühl in die Quere kommt, das ihnen nicht paßt und dann verlassen sie mich. Wenn ich also nur einem Mann treu bleiben wollte, säße ich ganz schön in der Patsche. Ich müßte wie eine Nonne leben. Ned würde mir vielleicht drei Tage im Jahr schenken. Ale würde mir einmal pro Woche einen bedeutungsvollen Blick zuwerfen. Bill hätte die tollsten Phantasien, würde aber meilenweit rennen, falls es zum Schwur käme. Von Rob bekäme ich vielleicht einen Kuß, ein Versprechen, einen Brief, jedenfalls einen liebevollen Abschied. Mein Vorgehen ist also von praktischen Erwägungen bestimmt: Ich bleibe jeweils bei dem, der die meiste Power hat. Natürlich versuchen die Männer mich deswegen fertigzumachen indem sie behaupten, ich sei zu ernsten Beziehungen eben nicht fähig. Immerhin geben sie in ehrlichen Momenten ja zu, daß sie's gerne hätten, wenn ich unter ihnen läge. Tja, ich stehe aber lieber und versuche mit den Beleidigungen fertig zu werden, statt mich hinzulegen und im Schlamassel unterzugehen ..."

Frauen!

Bemühe ich mich,
so enge ich sie ein.
Gehe ich meiner Wege,
bin ich nachlässig.

Fordere ich Sex,
will ich nur das Eine.
Lass ich sie in Ruhe,
zeige ich meine latente Homosexualität.

Zeige ich kein Gefühl,
bin ich kalt.
Tu ich es doch,
dann nerve ich sie.

Frauen!
Mir geht es mit euch
wie jenem Mann, dessen Bruder
glaubte, er sei ein Huhn.
Er sagt:
Der Kerl macht mich wahnsinnig.
Ich würde am liebsten
den Mist aus ihm raushaun.
Aber unglücklicherweise,
ich brauche die Eier.

Jeremy Ward

(Der Witz ist geklaut)

KEN "... "

Ich bin einunddreißig und hatte bisher nicht gerade viel Sex. Technisch gesehen war's Sex. Doch würde ich es, und das ist genau das Problem, eher technischen Sex nennen, mehr eine Pflichtübung, die ich absolvierte, um mein Selbstbild zu befriedigen. Das soll nicht heißen, daß ich keine starken, intensiven Wünsche hätte. Nein, ich habe z.B. den starken Wunsch, Sex so schnell wie möglich hinter mich zu bringen.

Beim ersten Mal, mit einundzwanzig, tat es mir körperlich weh. Heute weiß ich, daß ich damals reichlich verspannt war und natürlich nicht das beste daraus machte. Jetzt, mit meinen knapp zweiunddreißig Jahren, ist es wenigstens nicht mehr schmerzhaft für mich, aber noch immer eine eher lästige Angelegenheit.

Ich möchte euch jetzt nicht mit vielen Details über meine Kindheit und Pubertät langweilen, obwohl das natürlich einiges erklären würde. Einige Fakten sollen aber doch etwas Licht in die Angelegenheit bringen. Meine Eltern, nicht gerade sensibel, waren alles andere als Vorbilder für mich. Meine Mutter hielt mich eher ab, meine eigene Sexualität zu entdecken, als daß sie mich unterstützte. Das ist sicher in den meisten Familien so.

Was könnte der Grund dafür sein? Sie wollte wahrscheinlich keinen "sexuellen" Sohn, weil sie dadurch auf ihre eigenen sexuellen Frustrationen aufmerksam geworden wäre. Zweitens brauchte sie sowas wie einen Ersatzehemann als Kompensation für den unzulänglichen, den sie nunmal hatte. Sie wollte ein Muttersöhnchen, das auf ihre Bedürfnisse einging und sich lieb um sie kümmerte. Folglich durfte sie ihren kostbaren Erstgeborenen nicht vom Schürzenzipfel lassen. Sonst würde er am Ende gar noch entdecken, daß es andere Frauen gab, die vielleicht mehr boten als Mammi – nämlich Sex.

Mein Vater? Ich kann nur sagen, daß er kein Vater für mich war. Er brachte mir eigentlich nichts Brauchbares bei.

Und so wuchs ich also mit reichlich vagen Vorstellungen über Sexualität heran. Im Badezimmer stellte ich irgendwann einmal zufällig fest, daß meine Schwester "keinen" hatte. Mit zehn Jahren malte ich mir aus, daß kleine Schwestern vielleicht erst dann "einen" oder was ähnliches ausbilden würden, wenn sie älter würden. Ich wußte sogar vage, daß Erwachsene irgendetwas mit den Dingern da unten tun, wußte aber nie, was oder wie oder warum. Immerhin wußte ich nach der Lektüre einer "Pornozeitschrift" (damals eher brav), daß Frauen oben zwei Dinger hatten, die's bei Männern nicht gab. Was aber war da unten?

Ich war nun auf einer heißen Spur, von der mich nichts mehr abbringen konnte. Also gründete ich eine Kinderbande und forderte meine Schwester samt Freundinnen auf, bei uns mitzumachen. Es kostete mich viele Süßigkeiten, viel Taschengeld und Geduld, bis ein Mädchen mir endlich enthüllte, was es da zu enthüllen gab. Ich war wie vor den Kopf geschlagen. Sie hatten da unten gar "keinen", sondern stattdessen sowas wie einen Hohlraum, ein Loch. Durch weitere Erkundigungen bei Freunden erfuhr ich endlich, was da passieren sollte. Ehrlich gesagt, ich war schokkiert. Warum, warum bloß sollte irgend jemand "ihn" da unten reinstecken?

Dann berichtete mir ein Freund von seinen Experimenten. Falls man "ihn" rieb, wurde er größer, und falls man dann weiterrieb, passierte etwas noch Interessanteres. Ich fragte ihn, was er mit dem Reiben eigentlich meine. Darauf sagte er, man sollen "ihn" an etwas reiben: z.B. an einem Laternenpfahl. Ja, er empfahl tatsächlich einen Laternenpfahl.

Bei meinem nächsten Bad begann auch ich zu experimentieren. Es gab in unserem Badezimmer keine Laternenpfähle, also nahm ich meine Hände zu Hilfe. Etwas passierte. Mir war komisch und auch etwas übel zumute. Ich wiederholte das Experiment und begann Gefallen daran zu finden. Aha, dachte ich. Deshalb will ein Junge es also mit einem Mädchen tun. Ich hatte die logische Verbindung hergestellt.

Doch leider schaffte ich es weder mit Süßigkeiten, noch mit Taschengeld, noch mit einschmeichelnden Worten, daß ein Mädchen mich das tun ließ. Sie hatten anscheinend Hemmungen, sich nackt auszuziehen. Ich hatte natürlich kein Mädchen direkt darum gebeten, hatte es aber mehr als deutlich zu verstehen gegeben. Sie hätten's kapieren müssen. Was ich nicht kapierte, war, daß ich mich einfach mehr anstrengen, mich mehr um sie bemühen mußte, wenn ich ans Ziel meiner Wünsche gelangen wollte. Außerdem hatte mich meine Mutter gewarnt, hatte mir klargemacht, daß es wichtiger sei, einer Karriere nachzujagen als Mädchen, und Mutter hatte bekanntlich immer recht. Und so kam es, daß ich mich schon früh mit dem einrichtete, was ich "Laternenpfahl-Sex" nenne: "eisenhart" und nie auch nur die geringste Schwäche zeigen.

Ich kleidete mich flott und hatte das Image eines Hippie-Cowboys mit Lederweste, Lederhosen und langen Haaren. "Damit schnappe ich mir die Weiber", dachte ich. Wie sollten sie einem Kerl wie mir widerstehen? Doch sie widerstanden mühelos.

Seither habe ich mit etwa fünfzig Frauen geschlafen. Mit dicken, dünnen, kleinen, großen. Mit Italienerinnen, Französinnen, Amerikanerinnen usw. Es ist ziemlich egal, mit was für einer Frau du schläfst, wenn du dich innerlich wie ein Laternenpfahl fühlst, d.h. zornig, hart und verspannt bist. Du wirst Sex nicht genießen können. Nichts und niemand wird in der Lage sein, dich sexuell so zu stimulieren, daß es anhält, befriedigend ist und wiederholt werden kann.

Mein Durchbruch kam, als ich durch einen Autounfall aus meinem lethargischen, selbstzerstörerischen Zustand aufgeschreckt wurde. Ich geriet in solche Panik, daß mein kostbares Selbstbild plötzlich an Wichtigkeit verlor. Was nutzt einem denn ein tolles Selbstbild, wenn man tot ist?

Zwei Wochen nach diesem Unfall fand ich eine Freundin. Ich begann aufzutauen und bestimmte Blockierungen zu überwinden. Ich schlief ein- oder zweimal mit ihr. Doch sie besaß die Unverschämtheit, mir ins Gesicht zu sagen, daß sie durch mich nicht erregt würde. Trotzdem blieb ich sturer Kerl meiner Ansicht treu, auf sexuellem Gebiet völlig okay zu sein.

Seit ich in Atlantis bin, habe ich hier mit einigen Frauen geschla-

fen. Sie sagten mir einfach, was sie von mir hielten, und seit kurzem sehe ich, was sie ständig wiederholen: ich bin im Bett reichlich verspannt und unsensibel.
Als Mann nähere ich mich dem Thema Sex ganz rational. Ja, rational, männlich und klar. Ganz anders als Frauen, die dazu neigen, überemotional und hysterisch zu werden. All dieses Gefasel von nicht genug, nicht gut genug! Was nützt das? Es ist doch viel besser, mit kühlem, rationalem Blick die Fakten zu analysieren. Also los:
Erste Tatsache: Ich bin ein Mann und möchte Sex auf meine "vernünftige" Art und Weise. Zweite Tatsache: Die meisten Frauen, die ich kenne, genießen Sex viel mehr als ich. Dritte Tatsache: Das paßt mir nicht. Also halte ich Energie zurück, damit meine Partnerin nicht mehr Lust empfinden kann als ich. Vierte Tatsache: Damit schneide ich mir natürlich ins eigene Fleisch. Fünfte Tatsache: Die Frauen kriegen mich unweigerlich satt, sind frustriert, dann wütend und verlassen mich schließlich auf der Suche nach einem besseren Partner.
Fazit: Ich bin mal wieder in einer beschissenen Situation, nämlich allein ...

Jenny hat mir erklärt, wie sie Sex vom weiblichen Standpunkt aus sieht: Ein Mann hat biologisch keinerlei Schwierigkeiten, sich sexuelle Erregung und Befriedigung zu verschaffen, während die Frau vom Mann abhängig ist. Warum also der Widerstand der Männer, warum der Verzicht? Warum laufen die Männer vor dem Sex davon? Ich sehe das ganz anders, obwohl ich zugebe, daß auch ich häufig davonlaufe... Aber ich kann weder leicht erregt werden, noch wirkliche Befriedigung finden.
Natürlich habe auch ich schon Sex erlebt, der großartig war und mich aufgrund seiner Intensität schockierte. Doch das war die Ausnahme. Meiner Meinung nach sind da die Frauen im Vorteil. Frauen fühlen viel mehr, ob nun im Bett oder außerhalb. Das finde ich geradezu beängstigend. Zugegeben, ich kriege leicht eine Erektion und kann mich mechanisch und verkopft befriedigen.

Doch bleibt mein Körper dabei meistens unbefriedigt. Manchmal fühle ich mich zwar sehr sexuell, blocke dann aber lieber ab. Ich versuche mich immer unter Kontrolle zu haben. Das ist mein Hirn, nicht etwa mein Penis, der da aktiv ist.
In meinem täglichen Dasein bin ich ein verspannter, neurotischer, unangenehmer Zeitgenosse – eigensinnig und dogmatisch. Ich gebe nie nach oder lasse mich gar gehen. Jahrelang hat man mir gesagt, wie hart ich sei, doch ich hab's nicht geglaubt. Wenn ich jetzt mit Alice schlafe, kann ich meine Härte und Gefühllosigkeit, die Angespanntheit meines Körpers, spüren.
Ich merke deutlich, daß Alice viel mehr empfindet als ich. Ihr Körper ist entspannter als meiner, ihr Geist weniger aktiv, sie verliert sich an die Empfindungen des Augenblicks.
Doch zum Glück ist es manchmal auch anders, z.B. vor ein paar Tagen. Ich hatte viele Stunden draußen geschuftet, war müde und mal wieder etwas fertig. Es war ein wundervoller Abend, kurz vor Sonnenuntergang. Ich bat Alice, sich ein Weilchen zu mir aufs Fensterbrett zu setzen. Wir genossen die letzten Sonnenstrahlen, und die ganze Welt wirkte wunderbar ruhig und friedlich. Wir sahen zu, wie unsere Ziegen gerade nach Hause getrieben wurden, und ich spürte in ihnen und in allen Lebewesen ringsum schiere Lebensfreude. Es war einer jener magischen Momente. Ich weinte vor Glück und Entzücken. Es kam mir so vor, als ob ich die Welt, die Tiere und Alice zum ersten Mal richtig sähe. Der Dunst, in dem ich normalerweise lebe, hatte sich verzogen.
Wir gingen ins Bett und liebten uns. Es war für mich ganz anders als sonst. Ich war nicht verspannt und ließ mich einfach gehen. Alice und ich schienen in eins zu verschmelzen, unser Atem wurde synchron. Wir waren im Einklang mit den Rhythmen der Natur – eins mit dem fernen Rauschen der Brandung, dem Wind, der über die Insel fegte und dem Pulsieren der Sterne. Mein Orgasmus glich einer Explosion meines inneren Universums.

SIMON "... "

Bis zu meinem einundzwanzigsten Lebensjahr hatte ich eigentlich keinen Sex. Und auch dann noch mußte ich mich erst schrecklich betrinken. Bis ich nach Atlantis kam, hatte ich für meine Begriffe ganz schöne Sexerlebnisse, doch traf ich dann dort auf ganz andere Frauen, die mir prompt enthüllten, was ich nicht wissen wollte, nämlich daß meine Sexualität auf einen bestimmten Frauentyp beschränkt war und bis heute noch ist. Meine Partnerin muß lustvoll auf Schmerz reagieren, muß sich selbst für ein Opfer halten – Masochistin sein. Mich erregt, wenn ich sie einschüchtern, bedrohen, körperlich peinigen und demütigen kann. Leider machen die meisten Frauen bei so etwas nicht mit, lassen sich das einfach nicht gefallen. Dann bekomme ich Angst und nehme reißaus.
Mein Programm ist also folgendes: Ich mache die Frau an und dadurch auch mich selbst. Ich dringe dann so rasch wie möglich in sie ein und mache bis zu dem Moment weiter, wo ich glaube, daß die Frau ihren Orgasmus bekommt und ejakuliere dann. Allerdings fühle ich dabei meist nicht mehr als Erleichterung. Für mich sind sexuelle Erwartungen meist schöner als deren Erfahrung, und es bereitet mir vor allem Lust, Lust zu bereiten. Beim Masturbieren empfinde ich größere Lust als beim Eindringen in eine Frau. Noch größer war allerdings die Lust, als ich noch nichts vom Masturbieren wußte, sondern einfach nachts im Bett vor mich hinträumte und mir die sinnlichsten Erlebnisse und Empfindungen selbst ausmalte.
Habe ich eigentlich irgendein Problem? Nein. Solange ich bei meinem Frauentyp bleibe und auf sexuelle Kontakte mit anderen Frauen verzichte. In der Theorie klingt das schön und gut, doch leider hatte ich auch schon Beziehungen zu Frauen, die ich eigentlich besser meiden sollte. Verdammt! Was tun?
Ansonsten weiß ich jedenfalls, daß ich panische Angst vor weiblichen Genitalien habe und nur unter Alkohol mutig bin. Dadurch sind meine sexuellen Impulse den meisten Frauen gegenüber

stark blockiert. Ich habe schon erlebt, daß ich zitterte, in Schweiß ausbrach und einfach Horror empfand, wenn ich eine Frau an intimen Körperstellen berührte.
Bis eines Tages eine Frau ihre Rolle satt hatte, mich immer erst erregen und meine Barrieren von Angst durchbrechen zu müssen. Sie forderte mich auf, mich wenigstens gegen sie zu wehren, wenn ich schon Angst vor ihr hätte. Und was tat ich? Ich lief davon! Aber immerhin bekam ich einen Vorgeschmack von dem, was ich eigentlich tun müßte, um meine Sexualität zurückzukriegen und das Beste aus dem zu machen, was mir eine schwere Geburt und eine haßerfüllte Mutter gelassen haben.

Simon hat uns schon vor Monaten versprochen, einen Bericht über sein Sexualleben nach der Abreise von Atlantis zu schicken, kam aber offenbar noch nicht dazu. Da das Buch nun in Druck geht, müssen wir leider darauf verzichten.
Wenn Simon offen ist, ist er einer unserer besten Autoren. Offenbar haben Sexualität und Kreativität viel miteinander zu tun.

FRED

Wie ich ein Stier, 1949 geboren. Er kam 1980 nach Atlantis und ist seither mal hier und mal dort. Ich habe seitdem eine Beziehung zu ihm. Wir haben zwei Kinder, ein drittes ist unterwegs. Der folgende Text ist für ihn geschrieben:

Du hältst dich für clever, wenn du mich verläßt.
Du streckst kampflustig das Kinn vor, atmest tief ein, straffst die Schultern und schreitest energisch vorwärts.
Diesmal wirst du's mir aber wirklich zeigen: hoffentlich krepiert sie im Kindbett!
Panische Angst erfaßt dich bei diesem Gedanken, aber du unterdrückst ihn. Ohren und Nase sind taub vor Kälte. Die Nacht ist endlos. Das soll mir eine Lehre sein, daß du abhaust. Zum Teufel mit dem Baby, es war nicht deine Idee.

Frauen sind austauschbar, du kannst überall 'ne andere kriegen. Eine, die sich hinlegt und den Mund hält. Eine, die es dich auf deine Weise tun läßt, sich umdreht und einschläft – dir keine Szenen macht.
Am liebsten würdest du jetzt jemanden verprügeln. Ein Jammer, daß die Straßen wie ausgestorben sind, keine Menschenseele unterwegs. Du würdest sofort einen Streit anfangen, sobald der andere ein falsches Wort sagt. Und im Moment wäre alles falsch!
Gott ist das hier draußen kalt! Was erwartest du denn, wenn du nachts in einem Novembersturm im Pyjama auf die Straße rennst? Ach was, immer noch besser, als bei diesem Miststück zu liegen, da kann das Bett noch so warm sein.
Gegen Morgen fühlst du dich halbtot vor Kälte und klapperst mit den Zähnen. Ein Auto hält neben dir. "Ja, ich muß für ein Weilchen weg, arbeiten. Jenny? Im Frühling erwartet sie das Baby ..."
Auch die nächsten Nächte sind schlimm. Du hattest dich so daran gewöhnt... Moment mal, mit ihr war's auch schlimm, wenn sie dich nachts aus dem Bett schmiß und dich ankeifte, weil du "wie tot" warst. So'n Blödsinn! Ein Mann braucht seinen Schlaf.

Wie lange ist es jetzt her? Fast drei Wochen. Keiner kam hinter dir hergerannt. Prima! Was diese Hexen wohl wieder ausbrüten? Pläne schmieden und gackern, was anderes können die ja nicht. Ob sie wohl mit einem anderen schläft? Quatsch. Vergiß es!
Doch schon schleicht sich der Gedanke wieder ein. Das wird sie doch nicht tun, oder? Wer schläft denn schon mit einer Schwangeren? Du schon. Du würdest jetzt mit allem und jedem schlafen. Weißt du noch, wie du sie zum ersten mal verlassen hast? Du bist mit 'nem Kerl gegangen, der dich in der Toilette angequatscht hat. Na ja, der war eben einsam. War auch mal interessant und vor allem – viel einfacher!
Nachts wirst du von finsteren Dämonen geplagt. Nicht einmal du kannst verhindern, was in deinen Träumen passiert. Aber das hat nichts mit ihr zu tun; ein männlicher Körper reagiert eben so, das ist ganz natürlich.

Du hast aufgehört, die Tage zu zählen. Inzwischen ist alles Routine. Vielleicht triffst du mal jemanden... Du hättest gern ein bißchen mehr Aufregung. Damals mit ihr hast du dich nur nach ein bißchen Frieden und Ruhe gesehnt.
Morgens wachst du mit einer Erektion auf, unterdrückst sie rasch, haßt sie von Herzen und bereitest dich mühsam auf einen neuen Tag vor. Sie pfuscht an deinen Träumen herum. Aber du bleibst weg, und wenn's dich umbringt. Am schlimmsten ist der Gedanke, daß sie vielleicht gar nicht leidet. Vielleicht lacht sie gerade. Hitzewellen überfluten deinen Körper. Wie gern würdest du über ihr sein, in jeder Hinsicht.
Du wirst dir eine andere Frau nehmen, ein vernünftiges Mädchen, das weiß, wo ihr Platz ist. Leider geilt dich die Idee gar nicht auf, eine Frau wie einen Putzlumpen behandeln zu können. Angewidert schaltest du das ganze Programm ab, wählst einen anderen Sender und entschließt dich, endlich aufzustehen.
Dir geht's etwas besser, sobald du herumläufst. August, September, Oktober, November, Dezember. Jetzt fängt das Baby zu stoßen an ...
Weihnachten geht dir schrecklich auf die Nerven. Du schaust dir die Leute an und haßt sie alle. Verdammt, du bist doch immer voller Haß, wohin du auch gehst, sagte sie. Stimmt, du haßt sie eigentlich alle. Fernsehen, Zigaretten, ein Glas Bier, um Gottes Willen. Kalt, grau, elend. Mit ihr dagegen war's heiß, rot, beängstigend.
Ob sie wohl einen Neuen hat? Du denkst schnell an was anderes, als ob du dich verbrannt hättest. Nun, es war wohl nichts für dich, jemandem zu gehören.
Jetzt gehörst du nirgends hin. Gut so?

Das war's dann wohl. Du gehst mit einer Frau ins Bett und hoffst, daß sie dir hilft zu vergessen. Klappt nicht, oder? Verdammt nochmal, warum kann eine Frau nicht wie die nächste sein? Titten sind Titten, oder? Aber da gab's nicht dieses Schmelzen. Moment mal, es war die erste Nacht, da kann man noch nicht viel

erwarten. Mag sein, aber schon die erste Nacht mit ihr ...
Du fühlst dich innerlich ganz flattrig, setzt dich hin. Fixiert. Festgenagelt. Erledigt. Qual. Dann, zur Abwechslung, läßt du's mal fließen. Diesmal sind deine Phantasien nicht kalt, nicht verbissen. Doch du kannst der Frau nicht sagen, was los ist. Du hast ja schließlich dafür gesorgt, daß sie dich ranließ, und dann willst du plötzlich nicht mehr. Du hast sie umarmt und hast gekeucht. Sie sollte nicht merken, daß du weinst. Du hast was Unzusammenhängendes gemurmelt, daß du dich erst kürzlich von deiner Frau getrennt hast und noch nicht darüber weg bist.
Nun sitzt du fest. Du mußt zurückgehen. Aber noch nicht gleich. Oh Gott. Diese verdammten Gedanken. Wird sie oder wird sie nicht und was ist mit den Vorwürfen und der Standpauke? Ja, damit kannst du rechnen, daß sie dir das Backblech um die Ohren haut.
Manchmal schaffst du's ja, dich über diese ganze Sache zu erheben: über Sex und Essen, über Arbeit und Geld, über Kneipen und Probleme, über Schwangerschaft und Mütter und Wenn und Abers und das ganze chaotische Durcheinander, das du bist. Dann lehnst du dich zurück und lachst frech. Dabei fällt dir unwillkürlich was Verrücktes ein: "Wenn du weiter so tun willst, als seist du nichts als ein dreißigjähriger katholischer Ire, der im 20. Jahrhundert in Cork geboren wurde, wenn das wirklich alles sein soll, ist das deine Sache. Bleibe ruhig weiter so frustriert und verbittert. Du brauchst dich dann wirklich nicht wundern." Einer ihrer kosmischen Momente. Die hatte sie immer wieder mal.
Du gehst zum Spiegel und siehst dein blasses, gezeichnetes Gesicht. Eigentlich hast du vermutet, daß sich ein neues Leben neu anfühlt. Irrtum! Die äußeren Umstände mögen sich ändern, aber du hast eigentlich nie etwas geändert.
Plötzlich zuckst du zusammen. Du hast das intensive Gefühl, daß dich jemand von weit her kontaktiert. Du willst den genauen Zeitpunkt notieren, um ihn zu vergleichen mit... Aha, gerade hast du daran gedacht, mit ihr zu reden, stimmt's? Aber das Empfinden ist wirklich seltsam: wie eine Anwesenheit im Raum, wie Lachen

in deinen Ohren. Deine Nackenhärchen sträuben sich. Du kommst dir idiotisch vor. Vielleicht hast du dir die Botschaft nur gewünscht.
Du fühlst dich niedergeschlagen. Es ist ein hartes Spiel. Manchmal würdest du die ganze Sache am liebsten aufgeben und nach Hause zurückkehren. Aber... Du fühlst dich gespalten. Ein Psychiater konstatierte bei dir schon Schizophrenie, als du noch achtzehn warst. Vielleicht hatte er recht.
Was dir besonders zu schaffen macht, ist das Datum. Es ist dir nämlich bewußt, daß du genau zu dieser Zeit vor einem Jahr dort angerufen hast. Damals warst du am Ende deiner Weisheit.
Woher die Leute die Zeit zum Fernsehen nehmen, kannst du nicht begreifen. In deinem Kopf gibt's Bilder für Jahre. Du erinnerst dich an ihre Stimme. Später erzählte sie dir, daß sie nur selten ans Telephon geht, es lieber anderen überläßt. Doch an jenem Abend war sie so guter Stimmung, daß sie ranging. Sie behauptet natürlich, das sei kein Zufall – alles kosmisch bestimmt. Sie klang sehr freundlich und natürlich, sehr nach London. Sie sagte, daß du nur feste Gummistiefel brauchst, sonst nichts, wenn du kommen möchtest. Wie ein Idiot bist du losgestürmt, hast die Stiefel gekauft und bist viel früher losgefahren als beabsichtigt. Ihr zusätzliches Angebot, daß sie in Dublin eine Unterkunft für dich habe, wo sie dich dann abholen könnte, entschied die Sache.
Monate später erzählte sie dir dann, nur um dich verrückt zu machen, daß sie sich schon beim ersten Telephonat in dich verliebt habe. Dabei war das doch unmöglich, in deinem miserablen Zustand, wo du doch kaum reden konntest – am Rande des Nervenzusammenbruchs. Sie behauptete, es sei deine Stimme gewesen. Angeblich lief sie hinterher in die Küche und verkündete der versammelten Mannschaft, daß sie sich in einen Kerl aus Cork verknallt habe, den sie noch nie gesehen hätte. Sie würde mit ihm schlafen, sobald er in Atlantis einträfe. Ist das zu fassen?
Als du in Dublin ankamst, öffnete dir eine wild aussehende Type die Tür – die Schwester dieser Frau am Telephon. Du bliebst mehrere Tage dort, hast Holz gehackt, hast gegessen und der wil-

den Frau und ihrem Kind zugehört. Als sie dich bat, bei einem Streit den Schiedsrichter zu spielen, weil sie sonst imstande wäre, den Jungen zu killen – nicht mit dir! Du gingst weg und hast die beiden ihrem Schicksal überlassen, kamst wieder zurück, weil's draußen naß und kalt war, und weil du wissen wolltest, was weiter passiert, hast dich dann ins Bett gelegt, obwohl es heller Tag war. Vor dem Haus fuhr ein Laster vor. Gelächter, Rufe, Türenknallen, aufgeregte Unterhaltung, Essensgerüche, Männerstimmen, Frauenstimmen. Dann Stille. Und du lagst da, steif und allein wie üblich. Verspannt und bitter. Wie so oft zuvor, wie so oft seither, wie noch so oft.

Der Junge kam rauf und rettete dich aus deiner miesen Lage. Sagte, du sollst zum Essen kommen. Du kamst rein – Kerzenlicht und Kaminfeuer. Es war warm und schön, es roch nach gebratenem Gemüse. Überall saßen oder lagen Leute rum, matt von der Reise. Aus den Augenwinkeln heraus hast du *sie* beim Essen beobachtet – sie, die so dalag, als ob das Haus ihr gehörte. Ihre Augen funkelten und strahlten. Du warst schon bei ihrer Schwester nicht ganz kalt geblieben, und nun begannst du dich für sie zu interessieren, hast dir aber nichts anmerken lassen. Später würde sie dir dann beichten, das freche Stück, daß sie dich bereits im Auge hatte und nur prüfte, ob du in persona ihrem guten telephonischen Eindruck entsprachst. Später erzählte sie, sie sei enttäuscht gewesen. Unverschämtheit! Behauptete auch, du habest ziemlich langweilig und gehemmt ausgesehen. Kein Wunder, bei der Gesellschaft! Beichtete aber auch, daß sie dich nur deshalb nicht aufgefordert habe, schon in dieser Nacht bei ihr zu schlafen, weil das dann doch wohl ein bißchen schnell gewesen wäre. Unglaublich! Der Gedanke bringt dich auch heute noch ins Schwitzen.

Aber es kommt noch besser. In der kommenden Nacht forderte sie dich tatsächlich auf ...

Sie geht mit dir ins Bett. Du fühlst ihre Weichheit, ihre Entspannung, ihr tiefes gleichmäßiges Atmen. Wie sie so neben dir liegt, paßt sie perfekt zu deinem Körper. Du schnupperst. Neue Düfte.

Du bist erstaunt, wie zart ihre Haut ist. Tagsüber wirkt die Frau doch so hart und energisch. Du kannst gar nicht anders, als auch entspannen. Nichts könnte dir ferner sein als der Gedanke an Sex. Sex mit einer Fremden? Gott bewahre!
Was du denkst und was du tust, trennt sich voneinander. Du bist nackt, da du ja nicht den Anschein erwecken willst, diese Bettgeschichte sei für dich etwas Ungewöhnliches. Später sagte sie dir, daß sie über deine Unverfrorenheit schockiert war. Du atmest, verspannst dich und entspannst dich wieder, redest ein bißchen, fühlst dich allmählich wohler. Sie bewegt sich und legt ganz lässig ihren Arm über deinen Bauch. Mein Gott!
Du stellst erschreckt und gleichzeitig entzückt fest, daß du trotz aller guten Vorsätze einen steifen Schwanz kriegst. Dein Bauch ist wohlig warm ...
Die Frau neben dir scheint nichts zu merken oder tut zumindest so. Sie benimmt sich eher schwesterlich. Aber was ist denn jetzt los, du lieber Himmel. Sie faßt dich an. Da unten. Nicht aufreizend sondern ganz natürlich, mehr zufällig. Zufällig, daß ich nicht lache! Aber sie scheint nicht schamlos zu sein, jedenfalls nicht so, wie du's dir vorgestellt hattest.
Sie begehrt dich. Plötzlich weißt du's ganz genau. Trotz ihrer entspannten, eher kuscheligen Art, weißt du's jetzt. Sie begehrt dich – ist bereit. Keine Grenzen mehr, du kannst nun tun, was du möchtest.
Das ist ein totaler Schock für dich, geistig und körperlich. Dein Atem verändert sich. Du drehst dich zu ihr, nimmst sie in die Arme. Sie schmiegt sich an dich, als zerfließe ihr Körper, jede Versteifung oder Kurve von dir ausfüllend. Du hältst sie. Sex ist inzwischen so unvermeidlich, daß es keiner Hast bedarf.
Du hast vergessen, wo du bist, wer du bist, mit wem du zusammen bist. Das ist auch nicht mehr so wichtig. Sie ist so sanft. Ihr Körper brennt. Feurig. Flüssiges Feuer. Und plötzlich fühlst du dich gar nicht mehr wie ein netter, rücksichtsvoller, freundlicher Daddy, sondern du fühlst dich gewaltig. Mächtig. Du hast Muskeln und Knochen. Fast vergessen, wie? Du zerspringst vor Hitze, vor Glut.

Du bist aggressiver. Du bist nicht mehr so, wie du dich normalerweise siehst: ein scheuer, reservierter, ruhiger Katholik. Du hältst dich ansonsten bestimmt nicht für einen geilen Gorilla, der am liebsten die nächstbeste Jane überwältigen möchte. Aber gib zu, im Moment fühlst du dich so. Du hast totale Macht über dieses weibliche Tier neben dir, unter dir. Du könntest sie nehmen, ob sie nun will oder nicht. Flüchtig denkst du an deine Mutter und alles, was man dir unterschwellig beibrachte: wie man Frauen behandelt, sich um sie kümmert, sie umsorgt und aufpaßt, daß man ihre Gefühle nicht verletzt, wie man sich ihrem Tempo anpaßt ... Plötzlich bist du wieder da und stellst fest, daß du weit weg in der Vergangenheit warst. Vor einem Jahr... Du bist wütend, fühlst dich einer Panik nahe, fragst dich, wo du dich eigentlich all die Tage, Wochen, Monate – nicht Monate, oder doch? – herumgetrieben hast. Du fühlst dich unfrei, besessen wie in jener Nacht, als du sie schon mal verlassen hast, den Schlafsack fest an dich gepreßt. Damals dachtest du: "Na warte, du Miststück, das ist das letzte Mal!" Du dachtest, du hättest alles hübsch verpackt, deinen Kopf frei und sie raus aus deinem Leben. Doch nun ist die Sehnsucht in dir kaum mehr zu ertragen. Wenn's so weitergeht, landest du noch in der Klapsmühle.
Du versuchst diese verdammten kleinen Kobolde loszuwerden, die dir hämisch zuflüstern, daß dir ja schon etwas wohler zumute ist, da du insgeheim beschlossen hast, zu ihr zurückzukehren. Nein, ich habe mich noch nicht entschlossen, ich habe hier noch so viel zu tun! Stimmt nicht, du bist schon halb bei ihr, und zu tun hast du sowieso nichts, quieken die bösen kleinen Kobolde. Welche Kobolde? Du phantasierst dir zusammen, was ein Psychiater über dich in der Akte vermerken würde... Du versuchst ihm zu erklären, daß die Kobolde nur in deinem Kopf sind. "Aber das weiß ich doch", erwidert der Psychiater eisig.
Am liebsten würdest du jetzt irgendwas an die Wand schmeißen. Was fällt ihr eigentlich ein, sich so in deinen Gedanken einzunisten? Dann merkst du erstaunt, daß du vor dich hingrinst.
Okay, du Biest, du kannst deine Späßchen haben... Du denkst dir

ein paar gute Sätze aus. "Herzlichen Glückwunsch zum Jahrestag, Darling. Es sind gerade zwölf Monate her, seit ich dich das erste Mal verließ. Ich bin nur gekommen, um zu sehen, daß du ohne mich nicht leben kannst ..." Au! Wenn du so redest, haut sie dir garantiert irgendwas um die Ohren. Vielleicht wäre eine Weihnachtskarte besser. "Verzeih, daß meine Wünsche einen Monat zu spät kommen, aber ich war zeitweise nicht ganz bei mir." Nein, das ist wieder zu sentimental. Schreib ihr doch einfach und erkundige dich, ob sie dir irgendwelche guten Sextherapie-Zentren in London empfehlen kann. Oder du rufst an und fragst, ob du noch was anderes als Gummistiefel mitbringen solltest ...

Fred "... "
Ich stamme vom Lande aus einer sich sehr anspruchsvoll gebenden Familie katholischer Iren.
Ich fand es total entwaffnend von Jenny, und normalerweise bin ich bei ihr immer "bis an die Zähne bewaffnet", mich zu bitten, auch einen Beitrag zu diesem Buch zu schreiben. Zuerst war ich begeistert, doch dann wurde mir unbehaglich zumute, als ich mir überlegte, daß mein Bericht ja Konsequenzen haben könnte.
Manchmal denke ich, daß ich einfach sterben würde, wenn ich für alles um mich herum völlig offen wäre, wenn ich alles Geschehen in mich einließe.
Also, eine meiner ersten Erfahrungen mit "gesundem Sex" hatte ich, als ich etwa zehn Tage in Atlantis war. Ich bezeichne diese Erfahrung deshalb als gesund, weil sie eine so phantastische Wirkung auf meinen Schlaf und meine Träume hatte. Ich träumte von blauem Meer und weißer Gischt, die über mich hinwegspülte.
Je mehr Sex ich erlebte, desto vertrauter wurde ich mit meinen eigenen und mit Jennys körperlichen Reaktionen. Doch schließlich wurde ich sauer darüber, daß ich mir was beibringen lassen sollte – kam mir wie ein "schlechter Schüler" vor. Im Zorn verließ ich meine "Lehrerin" dann mehrmals, verschwand einfach ohne Abschiedsgruß, weil ich nicht zugeben wollte, wie sehr ich sie brauchte. Jedesmal, wenn ich kleinlaut und reuemütig

zurückkam, wurde es sexuell zwischen uns besser und besser. Ich finde, Sex ist immer die beste Methode, mit allem Leben und allen Lebewesen zu verschmelzen. Man könnte es als mystisches Erlebnis bezeichnen, wenn man als Paar ein neues Leben auf diesen Planeten bringt.

Als ich erfuhr, daß ich Jenny geschwängert hatte, war ich schon irgendwie stolz, hatte aber auch Angst vor der damit verbundenen Verantwortung. Ich konnte noch so viel Beruhigendes über Geburten lesen, meine Angst wurde immer schlimmer, je näher die Niederkunft rückte, sodaß ich Jenny kaum unterstützen konnte, als es soweit war. Vermutlich reagierte ich auf ihre Schmerzensäußerungen, wie ich früher auf meine Mutter reagierte, wenn sie mir Schuldgefühle einimpfen wollte.

Als ich Jenny mit ihrem dicken Bauch im Krankenhaus sah, von Ärzten und Schwestern umringt, wurde mir fast schlecht. Ich musterte den Gynäkologen, der so ungerührt blieb, und ärgerte mich über die Macht, die er durch sein Fachwissen hatte. Plötzlich verspürte ich den Wunsch, Jenny aus dieser typischen Krankenhausluft, aus diesem Zimmer voller Geräte und Instrumente rauszuholen. Gräßlich für mich, später zu erfahren, daß sie, kurz bevor ich hereingekommen war, deshalb so laut geschrien hatte, weil eine Schwester auf Anordnung des Arztes mit einer Schere einen Schnitt gemacht hatte, um dem Baby das Kommen zu erleichtern.

Da wurde der Kopf des Babys plötzlich in der Öffnung sichtbar. Die Öffnung schien trotz des Schnitts immer noch zu eng zu sein. Ich begriff in diesem Moment zum ersten Mal, wie sehr die Frau von der Natur gestraft ist. Keine noch so moderne Zivilisation wird je in der Lage sein, an diesem Punkt für gerechte Aufteilung der Schmerzen und Anstrengungen zu sorgen.

Ich sah, wie das Gesicht des Babys purpurrot wurde, wie alles Blut in seinen Kopf strömte. "Immerhin haben wir's soweit geschafft", sagte ich mir und war momentan beruhigt. Als das Köpfchen jedoch noch röter anlief, glaubte ich kaum mehr, daß diese Geburt problemlos verlaufen könnte. Es folgten Minuten voller Spannung, bevor der kleine Körper dann doch vollends heraus kam. Ich war unendlich erleichtert, daß alle Körperteile in Ordnung waren. Fast glaubte ich, den Schock des Babys spüren zu können, das sich so plötzlich in einer ganz neuen Umgebung wiederfand. In den ersten Wochen schlief das Baby fast nur. Dann begann es, auf Situationen zu reagieren, was wir immer ganz fasziniert beobachteten: "Wie geschieht das? War es möglicherweise schon mal auf dieser Welt, in einem anderen Körper, in einer anderen Zeit?" Das Lebenserwachen des Babys war so, als ob es noch nicht ganz bereit sei, seine neuen Eltern, seine neue Umgebung zu akzeptieren. Sein Gesichtchen schien auszudrücken, daß es lieber noch etwas länger dort geblieben wäre, wo auch immer es hergekommen sein mochte.

Als Jenny sie eines Nachts zwischen uns aufs Bett setzte, schaute sie uns beide an, als ob sie uns schon lange kennen würde. Sie schien zu wissen, daß sie Vater und Mutter hatte. Als ich in ihre Augen sah, erschauerte ich, wie manchmal in Augenblicken sanfter sexueller Lust. Solch freudige Erregung, wenn ich sehe, wie sich die Augen meines Kindes vor Erstaunen weiten oder schließen, wenn es zufrieden an der Brust nuckelt oder einen Gegenstand betrachtet, den es erreichen, berühren, schmecken will. Diese Erlebnisse erwecken in mir den tiefen Wunsch, mich völlig von meiner eigenen Kindheit abzunabeln, die jede Lust verdammte, so daß ich mich schließlich meines eigenen Körpers schämte, nur weil er Lust empfinden konnte.

Wenn nun meine inzwischen schon zweijährige Tochter plötzlich zu mir gelaufen kommt, spüre ich manchmal, wie ein ungeheurer Energiestrom meinen Körper durchflutet. Dann frage ich mich: "Womit habe ich das verdient? Was habe ich gegeben, um so viel zu bekommen?" Es macht mich ganz verrückt, daß ich einfach nicht weiß, was ich gegeben habe. Nur ahnen kann ich, was es war: ich habe mich dem Fluten und Wogen des Lebens überlassen. Das Wissen, daß dieses "sich überlassen" so wunderschön und genußvoll war, tut meinem Hirn geradezu weh. Mir war doch

immer eingetrichtert worden, daß jedes Vergnügen im Leben seinen Preis verlangt.
Über die Geburt meiner zweiten Tochter, Alice, berichte ich viel lieber als über die Ereignisse im Krankenhaus bei Louises Geburt. Diesmal ließen wir weder Arzt noch Hebamme kommen. Das Zimmer war mit Kerzen beleuchtet, das Bett hatte die richtige Größe, und es gab keine Maschinen oder Geräte.
In den vier Stunden der Geburt, vom Beginn der Wehen bis zum Durchtrennen der Nabelschnur, machte ich all die verschiedenen Stimmungen durch, die meine dreijährige Beziehung zu Jenny kennzeichnen. Anfangs war ich gespannt und aufgeregt, was sich legte, da Jenny so selbstverständlich und gelassen auf alles reagierte. Jenny wollte mich neben sich im Bett haben. Toll.
Ich war überhaupt viel optimistischer als bei Louises Geburt. Ich sollte einfach nur für Jenny da sein. Mir machte nur etwas zu schaffen, nichts weiter tun zu können.
Als Jenny meine Handgelenke fest umklammerte, spürte ich ihre "unterirdische" Energie aus ihrem Leib durch ihre Arme in mich einströmen. Auf einmal wurde ich verlegen, wußte nicht, warum, doch merkte dann, daß der nahe Körperkontakt mich sexuell stimulierte. Das ganze Geburtserlebnis wäre für mich wahrscheinlich noch viel intensiver gewesen, wenn ich meine Erektion ganz einfach akzeptiert hätte, doch ich kam damit nicht klar, fühlte mich hilflos, verspannt und der Panik nahe. Am liebsten wäre ich mit Jenny allein gewesen. Ich weiß noch genau, daß mir Snowys Anwesenheit unangenehm war, doch ich versuchte, meine Gefühle wegzurationalisieren. Wie gern hätte ich Snowy in ihrer Arbeit als Hebamme bestätigt, aber nein, ich mußte gegen das Gefühl ankämpfen, mal wieder nur ein Außenstehender zu sein. Ich zog mich in die Ecke zurück und spielte den Gleichmütigen, hantierte allerdings so nervös an einer Lampe herum, daß ein hohe Stichflamme herausschoß, woran alle Anwesenden merkten, wie verspannt ich war. Also gab ich nach, konzentrierte mich auf tiefes, gleichmäßiges Atmen und fand mich damit ab, im Augenblick keine Funktion zu haben.

Zeitweise hatte ich wieder große Angst – sah Schreckliches, was passieren könnte. Bestimmt wäre meine Angst in Panik ausgeartet, wenn Jenny nicht bei allem so instinktiv richtig gehandelt hätte.
Es kam mir so vor, als ob alle Farben im Raum an Intensität gewonnen hätten, als das Köpfchen endlich auftauchte. Dann kamen die Schultern in Sicht, und schließlich wurde das Baby fast gewaltsam ausgestoßen. Erschreckend für mich, wie grausam die Natur zu Mutter und Kind ist. Jenny erklärte mir später, daß dieser Teil der Geburt überhaupt nicht mehr weh tut.
Zwischendurch war ich mal richtig ärgerlich auf Jenny, weil es einfach nicht voranging. Ich sagte nichts, dachte aber: "Verdammt noch mal, warum liegst du nur so herum, bring das Ding doch endlich aus dir raus!" Snowy nahm dann die Sache in die Hand und redete energisch auf Jenny ein, die Geburt zu beenden. Welch seltsamer Anblick, wie das Baby seine Arme zwischen Jennys Beinen bewegte. Mir blieb fast das Herz stehen. Zwei Körper, der eine groß und erschöpft, der andere klein und zappelig.
Jenny hatte offenbar spontan mütterliche Gefühle, denn sie sagte immer wieder: "Armes kleines Ding." Snowy und Becky, Jennys erwachsene Tochter, riefen aufgeregt: "Wir haben's geschafft! Wir haben's geschafft!" Doch hatte ich überhaupt nicht das Gefühl, irgendwas geschafft zu haben.
Mich faszinierte Alices Feingliedrigkeit. Mir wurde fast schwindelig bei dem Gedanken, daß diese Zehen, dieses Herz und dieser Kopf noch winziger als eine Zelle gewesen waren. Ich nahm das Baby in die Arme und vergaß dabei ganz, daß es noch an der Nabelschnur hing. Auch Jenny hatte das vergessen. Becky erbot sich, die Nabelschnur zu durchtrennen. Bei der Vorstellung, daß mein eigener Körper mit einer Schere geschnitten würde, wurde mir ganz anders. Doch offensichtlich tut es weder Mutter noch Kind weh.
Sobald die Nachgeburt weggetragen und die Blutflecken vom Fußboden gewischt worden waren, machte Jenny es sich im Bett gemütlich. Ich glaube, daß ich erst da einen Seufzer der Erleichte-

rung ausstieß, da alle Gefahr gebannt zu sein schien. Glücklich und entspannt legte ich mich hin. Jetzt war es mir egal, ob ich eine aktive Rolle gespielt hatte oder nicht; ich wollte nur schwelgen, entspannen und einschlafen, was ich auch tat.
Es empörte mich fast, daß Jenny nach nur zweistündigem Ausruhen gar nicht mehr erschöpft zu sein schien. Sie unterhielt sich angeregt mit den anderen Frauen, rekapitulierte noch einmal, was sie durchgemacht hatte. Mich ärgerte daran, wie stolz sie dabei auf sich selbst war. Am nächsten Morgen fühlte ich mich wie neugeboren. Am liebsten hätte ich vor Lebensfreude gebrüllt und verrücktgespielt. Doch ich mußte dann zum Festland hinüber. Als ich am späten Nachmittag zurückkam, stellte ich mir unser Leben irgendwie geheimnisvoller und weniger alltäglich vor. Stattdessen tranken alle aus denselben alten Tassen und Jenny – abgesehen von ihrem freudig geröteten Gesicht – trug wieder ihre alten Kleider und war eigentlich nur daran interessiert, möglichst schnell wieder in den Garten zu können. Ich hätte viel richtiger gefunden, über gynäkologische Fragen zu diskutieren und tiefer in das "heilige Mysterium" einzudringen. Doch Jenny tat alles, das ganze Erlebnis zu entmystifizieren. Ich machte zwar ständig Tee für alle Leute, war aber sauer. Wie gern hätte ich noch tagelang über die ganze Sache weiter meditiert, doch das schallende Gelächter aus dem Blumengarten störte mich in meinen tiefen Gedanken ...

Von Ned für Fred aufgezeichnet:
Was Fred fühlt, wenn er mit einer Frau ins Bett geht: Nervöse Erregung, er möchte am liebsten verschwinden, ist innerlich unruhig, doch sein Kopf sagt: "Blödsinn!" Also läßt er's darauf ankommen. Kribbelnde angenehme Empfindungen in der Bauchgegend, ein komisches Gefühl, neben einer Frau mit Brüsten und all dem Drumherum zu liegen. Er möchte alles verlangsamen und etikettieren, möchte am liebsten eine Karte anlegen und Straßenschilder aufstellen, damit er sich nicht verirrt. Er fühlt sich bröckelig und zittrig, hat Angst.

Als er mit achtzehn eine gewisse Zeit lang in einer psychiatrischen Anstalt behandelt wurde, schockierte ihn, wie total er ausflippen konnte, wie wütend er war und wie unfähig, Schlaf zu finden. Seither will er vor jedem überwältigenden Gefühl am liebsten davonrennen, schon weil er es mit jener Phase verbindet, wo er mit dem Unfaßbaren konfrontiert wurde. Er schämt sich, weil er mal in einer Anstalt behandelt wurde und beobachtet sich seither in Gesellschaft besonders scharf, um "normal" und nicht etwa hysterisch auf die anderen zu wirken. Er strebt perfekte Selbstkontrolle an.

Folglich beginnt er beim Sex meistens nicht entspannt und ist mit sehr gemischten Gefühlen dabei, fühlt sich wie ein Zwölfjähriger, der zum ersten Mal eine Frau anschauen und anfassen darf. Er entspannt sich erst, wenn er merkt, daß seine Partnerin mag, was er tut. Die Lust eskaliert, aber nicht immer problemlos, denn er hat den automatischen Drang, sich zurückzuziehen und das Fließen zu unterbrechen. Er empfindet Schmerz in der Brustgegend und an anderen Körperstellen – eindeutig blockierte Energie.

An dieser Stelle des Interviews lacht Jenny und zieht ihn mit dem "irischen Übertreibungssyndrom" auf. "Wie wär's, wenn du noch viel mehr über Schmerzen und Pein reden würdest", frozzelt sie. Also gibt er zu, daß Sex für ihn auch wunderschön sein kann. Plötzlich umnebelt sich sein Hirn, seine Augen möchten sich am liebsten schließen, sehen trübe und angespannt aus. Normalerweise zieht er sich in solchen Momenten total in sich zurück. Doch "dummerweise" ist Jenny äußerst empfindlich für seine Schwingungen und holt ihn zurück. Er neigt dazu, alles zu verlangsamen. Das tut er, indem er sich auf seinen Atem konzentriert. Er versucht so, die Blockierung loszuwerden und stellt auch fest, daß dadurch mehr Empfindung in seinen Körper kommt. Falls er's nicht schafft, beginnt er mit aggressivem, schnellem Sex und hofft, daß die Frau nicht merkt, daß er Gefühle zurückhält.

Er muß sich immer entscheiden, bevor er sich körperlich entspannen kann. Er sagt sich: "Verdammt, warum mache ich mich denn so verrückt? Mir doch egal, was diese Frau tut oder sagt."

Dann hält er sich für skrupellos und beschließt, die Frau für sein Vergnügen zu benutzen und so viel aus ihr rauszuholen, wie es nur geht. Wenn's gut ist, dann fühlt er sich wie in Trance, die am allerliebsten gar nicht mehr aufhören sollte. Manchmal denkt er: "Ja, das ist es, wozu der Mensch auf diesem Planeten bestimmt ist, es ist richtig und gut." Doch selbst dann noch kann ihn seine Angst einholen, weil er fühlt, daß er mit nichts verbunden ist. Sie könnte sich ja plötzlich von ihm zurückziehen und ihn nackt und allein in den Abgrund stürzen.

Wenn er damit fertig werden will, muß er den Gedanken wiederbeleben, daß er seine Partnerin nur für sein Vergnügen benutzt. Dann gibt er ihr zwei Klapse auf den Hintern, behandelt sie wie eine Gummipuppe und denkt daran, so viel rauszuholen wie möglich.

Fred "... "

Ich kann mich an mehrere orgiastische Erlebnisse erinnern, wo das Bewußtsein meiner selbst und meiner Größe plötzlich zusammenzuschnurren schien und höchstens noch birnengroß in der Mitte meiner Brust saß. Währenddessen machte mein übriger Körper automatisch weiter – ohne mich. Ich war zwar an dem Geschehen beteiligt, doch verloren sich die Grenzen meines Körpers, des Bettes, des Hauses. Ich habe dann ein Gefühl, als ob ich über oder unter den Wolken schwebte. Ich kann nicht begreifen, was da passiert, weil das andere Gefühl – ganz klein zu sein – genauso stark ist. Am liebsten würde ich mich dann in meiner Brust verstecken und darauf warten, daß Blitz und Donner vorübergehen. Es ist wie bei einem kleinen Erdbeben. Ich bekomme dann plötzlich panische Angst, als ob sich der Boden unter mir auftäte, um mich zu verschlingen. Mich rettet in solchen Momenten, das Laken oder die Bettdecke zu fühlen.

Du kannst auf einmal wieder atmen und vielleicht sogar aus dem Fenster schauen. Aber schau nicht deinen Körper an, der durch einige Blitze versengt ist. Bring ihn in die Küche, stütz ihn auf Krücken und pflege ihn mit siebzehn Tassen Kaffee, einundzwan-

zig Toastscheiben und einem vierzehngängigen vegetarischen Menü, damit du die gestörten und befallenen Körperstellen ordentlich tröstest. Bring ihnen auch bei, wann sie vor dieser weiblichen Wolke auf der Hut sein müssen, vor dieser sich ewig wandelnden Form, die sicher schon wieder heimlich Ladung aufbaut und bald wieder meinen Pfad kreuzen wird.
Wer wird mir beibringen, daß das alles o.k. ist? Oh du Widderfrau, nur du hast die Ungeduld, das zu tun ...

Vor vier Wochen habe ich die Frau zusammengeschlagen, mit der ich seit fünf Jahren das Bett teile. Ich habe versucht davonzulaufen, war wie paralysiert. Warum habe ich das getan? Warum habe ich es so weit kommen lassen?
Es gibt Augenblicke, da fühle ich mich plötzlich von panischem Schrecken erfaßt. Darüber habe ich nie geredet. Jetzt weiß ich, daß genau das wohl der Fehler war. Ich will eben nicht, daß jemand von der unendlichen Leere in mir erfährt. Ich werde ja schon wütend, wenn mich jemand nur fragt: "Was ist denn los? Warum bist du denn so schlecht drauf?"
Mir war nicht klar, daß ich so unvermittelt zu so brutaler Gewalt fähig bin. Beim Sex war es dieses Mal besonders schön gewesen. Ich sah, daß meine Partnerin mehr Lust empfinden konnte als ich, und wollte so sein wie sie, wie entrückt in eine andere Welt. Doch plötzlich versuchte sie herauszubekommen, warum ich gerade so blockte. Ich fühlte mich schlecht und irgendwie in die Enge getrieben, wußte zwar nicht warum, aber das Gefühl war sehr stark. Aber verdammt noch mal, warum war sie nur so unzufrieden mit mir. Sie redete auf mich ein. Sie wolle sich das nicht weiter bieten lassen. Ich verkrampfte mich noch mehr, spürte eine böse Kraft in mir und wurde immer stiller. Sie machte mich rasend. Ich war wie erfroren. Sie konnte sich aber auch einfach nicht beruhigen oder mir freundschaftlich entgegenkommen. Nein, sie entfernte sich immer weiter. Ich hatte das Gefühl einer kommenden Katastrophe. In mir war etwas Kaltes, Mörderisches. Ich hatte schon so oft vor jemandem gestanden und Ähnliches empfunden,

es aber irgendwie zurückgehalten. Eine sarkastische Bemerkung über meinen Pimmel ließ mich dann total ausflippen. Ich streckte sie mit ein paar Schlägen zu Boden. Und dann habe ich sie getreten. Während ich auf sie einschlug, war ich wie blind vor Zorn, daneben aber auch tief beschämt. Sie konnte ja nicht ahnen, wie gräßlich das alles für mich war, wie tief das alles in meine Vergangenheit hinein reichte. Ich wollte nur noch verschwinden, wünschte mir einen raschen, schmerzlosen Tod. Nur flüchtig kam mir der Gedanke, sie vom Boden aufzuheben und in die Arme zu nehmen. Doch ließ ich das bleiben, war wieder in meinen egozentrischen Kokon eingesponnen und dachte fieberhaft darüber nach, wie ich meine Haut vor der schrecklichen Strafe retten könnte.

Wenn ich nun zurückblicke, weiß ich, daß ich insgeheim ihr die Schuld für meine Gefühlsleere zuschieben wollte. Intensiver Sex erschüttert. Wenn man sich so viele Jahre gesehnt hat, dann läßt einen so ein Erlebnis neue Sensibilität für das eigene Leben entwickeln und das tut weh.

JEREMY

Der Traum des Wikingers

Auf zu den Schiffen!
Auf zu neuen Ufern!
Folgen wir den Walen,
Übers Meer,
Bis zum Ende der Welt!

Und das Schiff segelt hinaus
Ich erhebe die Streitaxt zum Abschied
Doch was ist das?
In meinen Händen wird die Streitaxt ... zum Hamburger!
Verschämt steck ich das Ding schnell weg

Man kann ja schlecht los und die Schädel der Feinde
Mit einem Hamburger spalten
Was würden denn da die Leute sagen!

Auf in die Gischt der salzigen See!
Auf mit dem Wind!
Folgen wir dem Kurs der Wellen!

Ich greife das Steuer
Mein muskulöser Arm herrscht über Schiff und die See
Doch was ist das?
Das Schiff – ein kleiner Gebrauchtwagen
Die letzte Rate noch nicht mal bezahlt
Und mein muskulöser Arm steuert ihn gegen den nächsten Baum
Das war wohl nichts!
Man kann ja schlecht los, neue Länder erobern
Voll Gold und voll schöner Frauen
In solch einer schäbigen Kiste
Was würde Odin sagen!

Auf zur Beute!
Auf zum Gold!
Besingen wir Schwert
und Heldentod!

Ich stürze an Land zum entscheidenden Kampf
Mit dem Ruf des Helden
Ziehe ich das Goldene Schwert
Doch was ist das?
Das Schwert – es ist nur ein Kuli
Nicht selbst bezahlt, ein Geschenk meiner Mutter
Das war wohl nichts!
Was werden sie sich am Feuer erzählen?
"Gnadenlos schlachtet er den Feind mit dem Kuli"
Man nennt mich vielleicht
Beowulf, den Kulischwinger
Was für ein Name!

Auf in die Schlacht!
Das Blut fließt in Strömen!
Uns ist die Beute!

Ruchloses Lachen
Ich fülle das Horn mir mit Met
Doch – statt des Met schluck ich
Massen von Valium
Da wird wohl nichts draus
Ein Krieger, der Valium schluckt vor dem Kampf?
Was wird bloß die Marketenderin sagen?

Her mit der Beute
Errungen im Kampf!
Her mit der schönen Maid
Der Sieg gehört uns!

Müde vom Kampf
Doch ein bißchen Sex muß noch drin sein
Ich werfe mein Schild weg
(War eh nur ein Schirm)
Hinter der Nächstbesten bin ich her
sie schreit auf in Furcht
Mein wildes Gesicht, meine haarigen Arme!
Doch – ich greife nach ihr und wo bin ich?
In einer Kommune von Frauen
Und ihre Schwestern traktiern mich mit Pfannen
Und jagen mich weg
Welch ein Debakel!
Behandelt man so einen Winkinger?
Thor wird sehr ärgerlich sein.

Ein Hoch den Gefallenen!
Und auf nun nach Hause
Zu unseren Frauen, die warten
Und winken am Strand

Endlich zu Hause, meine sanftblonde Frau
Sie lächelt und reicht mir zu Essen
Doch – auch sie ist verwandelt
Deprimiert und wütend faucht sie mich an
Kein Essen, und mit dem Klo
Bin ich auch mal wieder dran
So gehts ja wohl nicht!
Ein Wikinger putzt sich doch nicht mal den Hintern
Was werden sie in Walhalla sagen?

Was bin ich nun
Ein unglücklicher Mann des zwanzigsten Jahrhunderts
Der sich träumt
als der starke Wikinger des elften Jahrhunderts?
Oder bin ich der haarige Wikinger
Der sich träumt
Als den unglücklichen Mann des zwanzigsten Jahrhunderts?
Ich weiß es nicht.

Mr. Shrink, wollen Sie ein wenig Met, bevor unsere Sitzung beginnt?

Jeremy Ward

BILL "... "

Sex! Oder doch lieber nicht!
Ich bin der Schreiner der Kommune. Ab und zu fertige ich etwas total Absurdes an, wie z.B. in dieser Woche eine neue Rattenfalle. Sie ist so komisch, daß die Ratten bei ihrem Anblick – hoffentlich! – vor Lachen sterben.
Ich wohne als Untermieter bei Jenny, Fred und ihren beiden Kindern. Auf Frauen versuche ich nach Möglichkeit zu verzichten. Mein geordnetes Leben als Schreiner ist mir lieber als das Auf und Ab einer sexuellen Beziehung. Die schwarzen Gedan-

ken, den Mißmut, die Wutanfälle mache ich mit mir privat ab. Ein Stück Holz kann man so formen, wie man's möchte. Mit Frauen geht das leider nicht. Sie haben Kanten und Ecken, die einem nicht passen, aber verdammt schwer abzuschleifen sind. Da kannst du ein noch so guter Schreiner sein.
Was würdet ihr mit einer Frau tun, die euch eiskalt ins Gesicht sagt, daß ihr sie nicht sonderlich erregen konntet, und daß eure Zündladung zu früh losging? Was tun? Ich würde ihr am liebsten mit dem Holzhammer... weiß aber, daß das auch nichts nützt. Ihr könnt mit einer Frau machen, was ihr wollt, sie bleibt doch immer ein unformbares Wesen. Da ich's schon auf jede erdenkliche Weise versucht und immer wieder versagt habe, beschäftige ich mich lieber mit Holz.
Eine Frau ist eben unberechenbar. Nur eines ist sicher. Solltest du den Fehler machen, mit ihr ins Bett zu steigen, erwartet sie garantiert, daß es mit dir auch Spaß macht. Am besten erzählst du ihr dann deine Lebensgeschichte. Dabei schläft sie sicher ein und merkt nicht, daß du gar nichts mit ihr getan hast.
Seit zwanzig Jahren versuche ich, mich auf keinerlei Beziehungen einzulassen. Leider Gottes bin ich jedoch ein reiner Versager, denn ich kann das Bedürfnis nach weiblicher Nähe in mir nicht ausmerzen. Aber immerhin habe ich's geschafft, daß meine Beziehungen nie länger als ein halbes Jahr hielten. Höchstens!
In den letzten Jahren habe ich mit sehr vielen Menschen auf engstem Raum zusammengelebt. Ich schlief eigentlich auch mehr oder weniger mit allen Frauen und war auch an Dreierbeziehungen beteiligt.
Da ich auch manchmal mit Jenny und Fred zusammen geschlafen habe – sehr häufig zum Verdruß von Fred – und wir auch zusammen auf unserem Boot hausten, gewann ich einen Einblick in ihre Beziehung. Fred ist ein verrückter Typ, der sich sexuell in einer Weise gehen lassen kann, wie ich's mir nie hätte träumen lassen. Als ich die beiden zum ersten Mal beim Sex erlebte, war ich verblüfft, wie jeder von ihnen auf sein eigenes Vergnügen aus war. Jenny raste und zitterte, ihre Zähne klapperten, und es war ein-

deutig, daß sie mit Fred viel mehr Lust empfand als mit mir. Sie beschrieb mir mal einen Orgasmus, den sie mit Fred erlebt hatte, und da wußte ich, warum ich Frauen nicht zum Orgasmus bringen will. Ich werde sowieso mit den Gefühlen von Frauen kaum fertig – auch ohne orgiastische Ekstasen.

Wenn Fred zornig das Weite gesucht hatte, ging ich manchmal mit Jenny ins Bett. Dabei bekam ich wunderbaren Sex-Unterricht. Mir haben ihre Unterweisungen viel Freude bereitet. Danke, Fred, daß du ab und zu auf die Idee kamst, es gäbe wichtigeres, als hier zu sein und mit deiner Freundin zu schlafen.

Letzte Woche schlief ich nach langer Zeit mal wieder mit Snowy. Eigentlich ist mir Snowy einfach zu sexuell, macht mir Angst. Mein Leben lang hat man mir eingeredet, daß die Menschen Sex nicht mögen und es nur nach Einbruch der Dunkelheit bei gelöschtem Licht treiben. Vor allem nette Leute haben damit nichts im Sinn. Wenn ich zwischen Snowys Beinen liege und sie bereit ist, kann ich's einfach nicht glauben: eine Frau mit einer wunderbar warmen Muschi, die tatsächlich meinen Schwanz in sich spüren will. Unfaßbar! 37 Jahre lang habe ich gelernt, meinen Gefühlen zu mißtrauen, sie zu kontrollieren und zu unterdrücken. Und wofür? Um die Beziehung zu meiner Mammi intakt zu halten, leider Gottes meine einzige Zuflucht, da mein Vater meistens durch Abwesenheit glänzte – eine verquere Beziehung.

Mit zehn Jahren kriegte ich meistens schon dadurch einen Orgasmus, daß ich mir die Kleider meiner Mutter oder meiner Schwester anzog. Eng anliegende Kleidung, egal von wem, erregte mich. Die bloße Vorstellung, sie zu tragen, genügte schon... Ich weiß eigentlich noch immer nicht, woran das liegt. Ich weiß nur, daß das so ist und mir diese Verkleidungen tollere Orgasmen bescheren als jede Frau.

Vor kurzem hatte ich ein Erlebnis mit Snowy. Sie machte es mir unmöglich, mich wie gewohnt zu verhalten. Denn normalerweise habe ich es, sobald ich erregt bin, ziemlich eilig. Doch Snowy bremste mich. Ich sollte mich einfach hinlegen und gar nichts tun. Komischerweise fühlte ich mich dabei sexueller

als sehr oft sonst, wenn ich mit einer Frau richtig schlafe. Letztes Jahr hauste ich auf unserem Segelboot und schlief mit Francine, einer Kanadierin. Francine entspricht keineswegs meinem Frauenideal, was es mir auch schwer macht, bei ihr große Lust zu empfinden. Ich agierte das Gefühl jedenfalls aus, indem ich sagte: "O Francine, du hast so herrlich große Titten", dabei hat sie sehr kleine, und "O Francine, du hast einen so niedlichen kleinen Hintern", dabei hat sie einen gewaltigen. Francine spielte mit und gab mir irgendwelche Verdrehungen zurück. Während ich mich so über meine Wunschvorstellungen lustig machte, konnte ich wenigstens genießen, was ich gerade tat.
Mit Snowy war die Sache schon komplizierter. Ich hegte nämlich einen mörderischen Haß gegen sie. Am liebsten hätte ich ihr mit bloßen Händen das Fleisch von den Rippen gefetzt und ihre Eingeweide verschlungen. Während ich ihr all das hinknallte, fühlte ich mich sehr gut, spürte sie mehr als sonst. Sie ermutigte mich, schien sogar Vergnügen an meinem Geschrei und meinen Grimassen zu finden. Ich weiß nicht, warum ich sie so haßte und in Stücke reißen wollte. Vielleicht hatte es irgendwie mit der Geilheit zu tun. Ich neige nämlich dazu, meine Lust mit schlechtem Gewissen abzutöten. Als Einundzwanzigjähriger hatte ich auf dem College eine sechzehnjährige Freundin. Sie hatte einen herrlichen Körper und war wie wild auf Sex. Ich genoß unsere sexuellen Erlebnisse sehr, hatte jedoch solche Schuldgefühle, daß ich die Beziehung bald beendete, nach dem Motto, das Mädchen sei "nicht mein Typ" und viel zu jung. Kurz danach zog ich wieder nach Hause zu meiner Mutter.
Ja, meine Mammi ist immer für mich da. Selbst wenn ich der gemeinste Schurke wäre, empfinge sie mich mit offenen Armen. Ich will mich immer dann bei Mammi in Sicherheit bringen, wenn ich über längere Phasen hinweg Freude am Sex hatte.
Im Augenblick habe ich eine neue Freundin und weiß nicht, was daraus wird. Immerhin begriff ich neulich Nacht, daß Probleme nicht unbedingt ein Hindernis für Sex sein müssen. Mehr habe ich momentan zu diesem Thema nicht zu sagen.

ALEX "... "

Mein erstes sexuelles Erlebnis war die reinste Katastrophe. Ich war vierundzwanzig, sexbesessen, hochneurotisch und total unerfahren. Sie war fünfunddreißig und haßte Männer. So wurde Sex erstmal zu einer bitteren Enttäuschung. Während meiner ganzen verklemmten Pubertät hatte ich davon geträumt, daß es wunderbar sein würde. Stattdessen fühlte ich überhaupt nichts dabei. Merkwürdig nur, wie die Frau sich unter mir drehte und wand. Mein latenter Haß auf Frauen sah sich voll bestätigt. Wir nahmen beide an der gleichen Encountergruppe teil, so daß ich immerhin etwas von meinem Zorn und meiner Enttäuschung loswerden konnte, statt es in mir aufzustauen. Danach ging ich prompt eine kurze homosexuelle Beziehung ein.

Wenn ich nicht Jenny und Babs kennengelernt hätte, wäre es vielleicht auch bei meinem Frauenhaß geblieben. Doch Babs machte mir klar, daß ich in bezug auf Frauen nicht so schwach und unzulänglich war, wie ich mir bis dahin eingebildet hatte. Dann hatte ich eine heftige Liebesbeziehung mit Jenny, durch die ich die Welt der Frauen ein wenig kennenlernen konnte. Jenny brachte mir auch bei, nicht so hektisch zu sein und mich zu entspannen. Ich lernte, daß es nicht nur darum geht, einer Frau zu gefallen.

Blickkontakt beim Sex war für mich bis dahin einfach zuviel. Ich kam nicht zum Höhepunkt. Eines Nachts brachte Jenny mich dazu, sie von hinten zu nehmen. Mit einem Seufzer der Erleichterung entlud ich mich von fünfundzwanzig Jahren Frustration. Danach hatte ich kaum noch Probleme mit dem Orgasmus, und mir blieben weitere Jahre der Homosexualität erspart.

Jenny machte mir auch den Unterschied zwischen Leistungssex und sinnlichem Sex deutlich, zwischen gefühllosen, mechanischen Liebkosungen und Liebkosungen, die aus dem Bauch kommen und voll geladen sind.

Damals war ich sexuell voll drauf und fühlte mich allmählich wie ein Mann und nicht mehr wie ein impotenter kleiner Junge. Ich hatte Freude an Sex. Jenny war in sexueller Hinsicht jedoch viel

reifer und erfahrener als ich, was – nebst anderen Faktoren – schließlich zur Trennung führte.
Meine nächste wichtige Beziehung hatte ich zu Snowy. Mit ihr wurde der Unterschied zwischen Leistungssex und fließendem Sex noch auffälliger. Sicher habt ihr beim Sex auch schon gedacht, daß ihr möglichst rasch mit dem Vorspiel fertig sein wollt, um dann "zum Wesentlichen zu kommen". Schließlich gilt das doch als typisch maskulin, oder? Wenn aber Küssen als solches ein ausgesprochen sexuelles Erlebnis sein kann, warum sich dann nicht die Zeit nehmen und auch alles andere genießen – voller Lust? Genau das passierte mir mit Snowy. Mit ihr lernte ich, mich noch tiefer zu entspannen. Ich "verlor" mich bei ihr mehr als mit jeder anderen Frau. Ich erlebte, was es heißt, eine Frau wirklich zu begehren, unbedingt in ihr sein zu wollen; ich fühlte solche starke sexuelle Erregung, daß mir fast die Luft wegblieb.
Beruhigend zu wissen, daß man nichts tun oder gar leisten muß, um Sex zu genießen, und daß man nicht einmal miteinander schlafen muß, da das "Vorspiel" schon genauso befriedigend sein kann.
Mein Hauptproblem mit Frauen ist wahrscheinlich, daß ich selten aktiv werde, um mir zu holen, was ich will. Lieber warte ich darauf, daß die Frau von sich aus zu mir kommt und spiele eine passive feminine Rolle. Wenn mich eine Frau verläßt kann ich nie begreifen warum. Ich glaube dann immer noch, daß sie wiederkommt, auch wenn alles dagegenspricht. Selbst wenn sie mir ganz offen sagt, wie gräßlich sie mich findet.
Da ich Frauen und Sex sehr mag, taucht die Frage auf, wie ich's eigentlich geschafft habe, drei Jahre ohne Frau auf einem Dachboden zu wohnen. Masturbation plus eine äußerst stimulierende Phantasie sind eben, das weiß doch jeder, viel besser als der beste, ekstatischste Geschlechtsverkehr; außerdem vermeidet man auf diese Weise alle möglichen Beziehungsprobleme.
Nach drei Jahren ohne nennenswerte sexuelle Erlebnisse und nach einem Jahr Atlantis, habe ich nun endlich eine Freundin, Sally. Wir sind seit sechs Monaten zusammen. Sex kann mit ihr

so wunderbar sein, so problemlos und selbstverständlich. Manchmal macht mir das geradezu Angst.
Denn was Frauen betrifft, bin ich ein Paranoiker. Ich meine damit, daß ich eigentlich nur dauernd darauf warte, daß mir eine Frau was antut.
Als ich neulich mit meiner Freundin schlief und dabei plötzlich meine inneren Zweifel und mein Mißtrauen wahrnahm, sagte ich mir: "Blödsinn!" und beschloß weiterzumachen,so zu tun, als sei alles o.k. Mir brach der Schweiß aus, doch ich versuchte, meine positive Einstellung zu bewahren. Es hat tatsächlich geklappt. Manchmal sind Probleme einfach dadurch zu lösen, daß man aus ihnen "heraustritt".
Am besten kann ich gegen mein Mißtrauen angehen, indem ich es ausagiere, übertreibe, zittre vor Furcht.
Einmal drückte ich meine Haßliebe für eine schöne junge Frau dadurch aus, daß ich mich wie ein Nazi-Sturmbandführer verkleidete und aus vollem Hals und mit militärisch schnarrender Stimme schrie, wie sehr ich sie und ihren herrlichen Körper begehrte. Dabei wurde ich knallrot, stampfte mit den Füßen und steigerte mich in einen wilden Wutanfall.
Ich erinnere mich auch lebhaft an eine Sitzung, wo sie, nachdem wir eine Nacht gemeinsam verbracht hatten, total angeekelt sagte, ich sei ein geiler alter Bock. Man forderte mich auf, ganz aus mir rauszugehen und so obszön und widerlich wie möglich zu sein. Während meiner Darbietung hätten sich alle Anwesenden am liebsten vor Scham verkrochen. Meine junge Freundin stand an der anderen Seite des Zimmers und spielte Krankenschwester, versuchte mich zu sterilisieren und mich insgesamt wieder zu einem sauberen, anständigen Menschen zu machen. Es war ein Mordsspaß, aber ich nahm es durchaus ernst, spürte ja deutlich den Kampf zwischen meiner sexuell expressiven Seite und meiner sexuellen Verklemmung. Es war nicht leicht, meine Position dieser "bedrohlichen" Krankenschwester gegenüber zu halten. Ja, meine Mutter war auch Krankenschwester.
Ich erinnere mich noch sehr gut, als ich das erste Mal sehr intensiv

sexuelle Lust empfand: es war, als ob ein heißer Lavastrom durch Eis fließe und es bersten und schmelzen ließ – genußvoll und schmerzhaft zugleich. Bei meinem allerersten Beischlaf dagegen hatte ich mich eher kalt, starr und mechanisch gefühlt. Vielleicht will ein Mann gar nicht die Frau, mit der er den intensiven Sex haben kann, sondern entscheidet sich leichter dafür, weniger zu empfinden, um dadurch sein Leben weniger in Frage stellen zu müssen. Abenteuer und Veränderung contra Bequemlichkeit und Sicherheit? Man könnte ja ansonsten auf die "schreckliche" Idee kommen, daß auch das Leben leicht und lustvoll sein kann. Undenkbar.

Nun habe ich also wieder eine Freundin. Anne. Alle behaupten nun, daß ich seither besser aussehe und mich auch positiver verhalte. Ich muß sagen, ich fühle mich auch wohler denn je und bin im Schnitt besser gelaunt. Zu Anfang machten Anne und ich eher sowas wie Ringkämpfe im Bett. Doch als Zorn und Verspannung nachließen, war es großartig, mit ihr zu schlafen, eine enorme Erleichterung, einfach tun und lassen zu können, was ich will. Insgeheim bin ich ja ein Chauvi. Am liebsten würde ich mich nämlich auf meine Partnerin werfen, sie ordentlich ficken und dann selig einschlafen. Anne gefällt das aber gar nicht. Dummerweise hat sie sich von Women's Lib Ideen anstecken lassen und will ihren Orgasmus vor mir haben. Vom Kopf her muß ich zugeben, daß es ein vernünftiges Arrangement ist, bei dem wir beide auf unsere Kosten kommen können. Gelegentlich, selten genug, klappt das auch.
Als wir letzte Nacht ins Bett gingen, wollte ich sie gleich. Sie machte mir jedoch unmißverständlich klar, daß sie's nicht wollte. So stoppte ich. Dann sagte ich sowas Blödes wie: "Ach, ist es nicht schön, einfach so dazuliegen und gar nichts zu wollen." Da beschuldigte sie mich, ich hätte aufgehört, um ihr keine Lust bereiten zu müssen. Ich leugnete dies ab, und wir schliefen ein. Dann träumte ich, wie ich sie "ab-masturbiere" und selbst masturbiert wurde, während ein Pärchen der Heilsarmee hinter uns Hymnen sang.

Als ich Anne von meinem Traum erzählte, sagte sie, es sei kein Wunder, daß ich ihr keine Lust bereiten wolle, bei der Einstellung! Wenn ich mit ihr schliefe, obwohl sie noch nicht bereit sei, sei das so, als würde ich in ihr masturbieren. Ihre Argumentation war nicht ganz falsch. Da ich aber mit ihr schlafen wollte, verkniff ich mir jedes Gegenargument und begann sie zu streicheln, begann ihr Lust zu bereiten, wobei ich ihr allerdings erzählte, wie sehr ich diesen ganzen Kram satt hätte. Da plötzlich begann ich, auch Vergnügen daran zu finden.

ANDRES "... "

Bevor ich nach Atlantis kam, hätte ich glatt abgelehnt, zu dritt ins Bett zu gehen. Ich hatte zwar schon davon gehört und gelesen, doch das passierte meiner Meinung nach nur bei Orgien. Für mich war Sex nichts, was man vor den Blicken anderer tun konnte. Sex war etwas tief Intimes, das man mit jemandem teilte, den man liebte.
Hier in Atlantis lernte ich, daß das auch ganz anders sein kann, z.B. in besonders stressigen Situationen, wenn die Zweierbeziehung blockiert ist oder zwei Männer um dieselbe Frau rivalisieren. Wenn man dann zu dritt im Bett ist, kommt es meist erst mal gar nicht zum Sex, sondern es wird geredet. Man spricht über seine Eifersucht oder besser, schreit sie laut heraus. Das macht auch Spaß.
Meinen ersten "Dreier" erlebte ich mit Becky und ihrem Freund Dave. Wir mußten uns die halbe Nacht mit Daves wechselnden Launen auseinandersetzen – Trotz, Wut, Vorwürfe. Z.B. legte er sich in eine Decke gehüllt unter die Heizung, als wolle er dort schlafen, stand auf, um sich etwas zu kochen, weil er angeblich hungrig war oder beleidigte Becky mit Äußerungen über ihr Aussehen und ihre Sexualität. Ich saß da und beobachtete das alles wie ein faszinierter Zuschauer bei einem spannenden Match. Als Dave einige Zeit beharrlich geschwiegen und an die Decke gestarrt hatte, fragte Becky, wieso er mich denn überhaupt ins Bett

lasse, wenn er sie so sehr begehre? Er könne mich doch jederzeit wieder rausschmeißen. Also stand Dave mit steinernem Gesicht auf und zerrte mich, der ich lautstark protestierte, aus dem Bett und legte sich stocksteif an meinen Platz neben Becky. Aber ich lief ums Bett herum und kuschelte mich an ihre andere Seite. Mir hat das großen Spaß gemacht und einen gewissen Einblick in Daves Charakter gegeben.

Zu wirklich konkreter Sexualität zu dritt bin ich aber eigentlich nicht so richtig in der Lage. Irgendwie kann ich mich nicht genug entspannen, um sexuelle Gefühle zu entwickeln. Ich fühle mich verlegen und gehemmt.

Als "Zuschauer" ist mir aber zum ersten Mal richtig bewußt geworden, wie extrem eifersüchtig ich bin und wie schwer es für mich ist, damit umzugehen, selbst wenn ich mich ganz bewußt darum bemühe.

Allerdings spiele ich den Zuschauer auch mit einer gewissen Lust. Außerdem ist das die einzige Möglichkeit, herauszufinden, wie andere Männer im Bett sind und wie man selbst dabei abschneidet. Wenn deine Freundin dir sagt, daß du zu passiv bist, ist das noch lange nicht so wild, wie wenn es dir von einem anderen Mann demonstriert wird, der deine Freundin total draufgängerisch in die Arme nimmt und mit ihr schläft. So mußte ich sehen, wie wenig ich scheinbar bereit bin, im Bett die Initiative zu ergreifen. Auch habe ich endlich begriffen, welch gewaltiges Erlebnis Sex für einen Mann sein kann. Vergleichsweise sind meine sexuellen Erlebnisse viel zu kontrolliert, viel zu banal. Natürlich war das nicht sonderlich angenehm, mir das so demonstrieren zu lassen. Doch es war gut so.

Ich habe auch schöne Erinnerungen an Situationen, wo zwei Männer nacheinander mit derselben Frau schliefen. Die Eifersucht ist dann nur noch halb so schlimm, und es entsteht auch ein Gefühl von Verbundenheit. Wirklich toll war, als Ned schon befriedigt neben mir lag und mir half, während ich mit Becky schlief. "Atme tiefer, entspanne dich. Denk nicht an den Höhepunkt. Genieße einfach. Laß deinen Körper Sex haben. Sei ganz dabei."

PAV "... "

Ich ging nach Atlantis, weil ich hoffte, dort ganz ich selbst sein zu können. Ich ging dann wieder, weil ich mich nicht mehr ertragen konnte.
Der Besuch in Atlantis war auch ein Versuch, mein homosexuelles Verhalten loszuwerden. Geschafft habe ich bei meinem Aufenthalt eigentlich nur, meine Sexualität fast total zu unterdrücken. Ich schlief eine Woche lang mit Snowy im gleichen Bett, versteckte aber in den ersten beiden Nächten meinen eregierten Penis zwischen meinen Beinen und bekam dann fast drei Wochen überhaupt keine Erektion mehr.
Mit Snowy hatte ich vor kurzem noch ein anderes denkwürdiges Erlebnis, diesmal nachts in London. Ich verhielt mich, als hätte ich sie gerne als Mutter. "Ich bin nicht deine fette, fünfundfünfzigjährige Scheißmutter, an die du dich halten kannst. Ich brauche dich nicht." war Snowys Antwort darauf. Das tat natürlich weh, wie's mit der Wahrheit eben so ist. Ein heilsamer Schock, das kann ich euch sagen!
Ich fuhr dann heim nach Cardiff, um einige Sachen für meine Londoner Bleibe zu holen. Meine Mutter, dieses Miststück, ging gleich auf mich los, jammerte über mein mieses Aussehen und meine miesen neuen Freunde, die sie noch nie gesehen hatte. Dank Atlantis brachte ich wenigstens einmal den Mut auf, laut und deutlich zu sagen: "Ich hab' die Schnauze voll von deinem verdammten Gemecker!" Die übliche Antwort: "Du tust ja nur so. Gib nicht so an etc." Tja, und dann hielt ich wieder mal den Mund. Tränen flossen, Vorwürfe, Schuldzuweisungen – alles wurde zum hundertsten Mal aufgetischt, und ich kochte vor Wut, gab aber nach. Die nächsten beiden Wochen verbrachte ich unter ihrer Dunstglocke. Ich hätte sie am liebsten umgebracht. Heute schrieb ich ihr einen kurzen Brief mit einer Art Unabhängigkeitserklärung: "Ich bin achtundzwanzig Jahre alt und ein Mann!"
Nun also zum Sex. Puh! Snowy sagte mal zu mir: "Du kamst nach Atlantis, um zu beweisen, daß du immer noch Sex mit Frauen ha-

ben kannst." Es ist zwar nicht die ganze Wahrheit, aber irgendwie stimmt's doch. Ich habe mit einer Frau geschlafen und es genossen.

Gut zu wissen, daß ich dazu immer noch imstande bin. Außerdem weiß ich jetzt auch, welchen Sex ich haben möchte – nämlich Sex mit Frauen. Ich hatte schon Angst, als alte Schwuchtel zu enden. Entschuldigt, aber ich glaube einfach nicht mehr an homosexuellen Sex.

Wenn ich zurückschaue, war die Homosexualität ab meinem achten oder neunten Lebensjahr quasi unvermeidlich. Meine ersten Erlebnisse hatte ich mit einem Lehrer, später mit Schulkameraden meines Alters. Dann kam die Pubertät. Als nächstes folgten einige Versuche mit Frauen – beim ersten Mal waren wir beide halbtot vor Angst. Die zweite Frau, zu der ich mich hingezogen fühlte, war durch eine Vergewaltigung traumatisiert. Schließlich landete ich im homosexuellen Lager. Zuerst war's phantastisch. Es war eine solche Erleichterung, meine sexuelle Energie endlich leben zu können.

In Atlantis habe ich dann gelernt, meine emotionale und geistige Entwicklung stärker zu reflektieren und habe meine Homosexualität und meinen Haß auf Frauen ein Stück weit verstehen gelernt. Eines Nachts habe ich mich mal am Fußende von Snowys Bett aufgebaut und zwei Stunden lang meinen Haß und meinen Abscheu dem weiblichen Geschlecht gegenüber herausgeschrien.

Ich will also ein Mann sein – bin ich ich ja schließlich auch. Ich will herausfinden, was das für mich bedeutet. Atlantis setzte meinen Zorn frei und machte mir vieles bewußt. Ich erinnere mich noch gut an eine Nacht in Snowys Hütte, als sie, Alex und Dave alle möglichen fiesen Tricks probierten, um mich zu brechen oder in Wut zu bringen während ich einfach nur dastand und sie anlachte, nach dem Motto: "Habe ich alles schon gesehen und gehört ..." Dann kam Snowy plötzlich zu mir rüber, umarmte mich und forderte auch Alex auf, dasselbe zu tun. Sie schob mich zu Alex hin, und da brach es plötzlich aus mir heraus. Ich schluchzte und weinte. Ihm gegenüber fühlte ich mich sicher und angenommen. Ich beneidete ihn um sein inneres Gleichgewicht. Er gab mir in den paar Minuten ungeheuer viel. Vor allem begriff ich, daß ich das in mir selber finden kann, und das tue ich jetzt auch.

LUCIEN "... "

Bevor ich Snowy traf, existierte Sex überhaupt nicht für mich. Ich fühlte mich unbehaglich, wenn ich mit einer Frau in eine emotionale Situation geriet, obwohl ich ja ständig davon redete, wie sehr ich eine Frau bräuchte. Frauen gegenüber bin ich dann immer ganz zittrig und möchte nicht, daß sie merken, wie verzweifelt und voller Sehnsucht ich bin.
Jetzt, wo ich mit Snowy liiert bin, gebe ich die Beziehung nicht wirklich zu. Ich verhalte mich lieber abweisend oder tue so, als ob mir's egal wäre. Am liebsten hätte ich, wenn Snowy wie meine Mammi wäre. Ich mag's nicht, wenn sie mit Kindern schmust oder andere Männer anschaut. Ich grüble dauernd darüber nach, was sie wohl gerade denkt oder tut, sogar schon auf der Toilette. Ich habe nicht viel Sex. Manchmal wache ich nachts auf und wünsche mir, daß sie eine zarte kleine Märchenprinzessin wäre und ich ein großer haariger Satyr. Überhaupt am liebsten wäre mir eine unschuldige Frau, für die ich der erste bin und der es unmöglich wäre, zwischen mir und anderen Männern Vergleiche zu ziehen.
Nach meinem ersten Sex mit Snowy kam eine lange Pause, in der ich zu verdauen suchte, was passiert war. Ich stellte fest, daß Beziehungen zu anderen Frauen, die mich nicht angreifen, alles in sich reinfressen, mit der Zeit ganz gräßlich werden. Ich sag's nicht gern, aber mir tut das Zusammensein mit Snowy verdammt gut. Trotzdem will ein Teil von mir es immer schlechtmachen, will es zerstören, will sagen, daß es hoffnungslos ist.
Eines Nachts im Bett hatte ich satt, daß sie mir ständig den Rücken zukehrte. Da habe ich sie einfach gepackt und rumgeschmissen. Sie schaute mich mit großen Augen an. Sie war echt überrascht angesichts meines "untypischen" Verhaltens. Ich

spreizte ihre Arme und Beine, hielt sie fest und drang in sie ein. Dabei versuchte ich, Schuldgefühle zu entwickeln, kam auch viel zu schnell. Doch sie schaute mich weiter mit einer gewissen Zuneigung an. Da mußte ich plötzlich weinen.
Ich habe immer versucht, das richtige zu tun, eine Frau auf die richtige Weise zu berühren und weiterzumachen, bis sie befriedigt ist. Snowy brachte mir bei, daß schließlich nur die Energie zählt, die dahinter ist. Seitdem kann ich beim Sex gemein und böse sein, ohne etwas kaputtzumachen.

NED "... "

Am liebsten gäbe ich den Frauen die Schuld an meinen sexuellen Problemen, weiß aber, daß mir das auch nicht weiterhilft.
Mein Geschlechtstrieb ist schon manchmal drängend, instinktiv und selbstverständlich, meistens jedoch nicht. Wenn er weg ist, gibt es nichts, um ihn zurückzuholen – weder Techniken noch Phantasien können eine Spur von Leidenschaft in mein schlaffes Wesen bringen. Wenn ich diesen "schrecklichen Akt" dann trotzdem absolviere, auf mechanische und meistens gefühllose Weise, werde ich mir meines Körpers plötzlich wieder bewußt und merke, daß er trotz Gegenwehr aktiv wird. Obwohl meine Bewegungen dann immer noch eher dem "Routinier-Stil" ähneln, könnte ich lauthals lachen und fange an, meinen Körper wieder zu genießen. Die Frau kommt mir dann wie eine Erweiterung meines eigenen Körpers vor. Wenn ich ihr Lust bereite und selber große Lust empfinde, um so besser. Aber sie ist nur ein Mittel zum Zweck, allerdings von entscheidender Wichtigkeit!
Ich finde es auch sexy, das Boot mit laut dröhnendem Außenbordmotor übers Wasser zu steuern, irgendwie so phallischaggressiv wie schnelles Autofahren. Starke Motoren sind für mich sowas wie ein Schutz vor der Welt, eine Fassade, die mir das Gefühl von Stärke vermittelt, auch wenn's nicht stimmt. Ähnliches passiert, wenn ich "Routinier-Sex" treibe und physisch sehr aktiv bin. Meine Bewegungen sind dann eigentlich viel zu hektisch, um

Gefühle zu empfinden. In beiden Fällen scheine ich Angst vor Gefühlen zu haben, auch davor, meine wirkliche Stärke einzusetzen. Damit komme ich zum Superding, zum "kosmischen Sex". Wenn ich allein in unserem kleinen Boot sitze, zwischen Insel und Festland unterwegs, höre ich manchmal auf zu rudern und überlasse das Boot den Wellen. Bei ganz ruhigem Meer plätschert das Wasser dann leise gegen die Bordwand, und ich spüre den gewaltigen Ozean unter mir. Nur eine dünne Holzschicht über diesen unendlichen Tiefen. Dann habe ich so wundervolle, traumhafte Gefühle, daß mir die Knie zittrig werden. Sexuelle Gefühle. Sie erinnern mich an meine erste Ejakulation oder an noch frühere Zeiten, als ich noch nicht so viele Ideen über Sex im Kopf hatte. Meiner Meinung nach ein einzigartiger Fluchtpunkt im oft so harten, anstrengenden, öden Leben.

Bei meinem ersten Erlebnis mit "kosmischem Sex" fühlte ich mich fließend, fast verschmelzend mit der Frau, empfand keine Grenzen mehr und verlor jede Vorstellung von Zeit und Raum. Es kam mir so vor, als sei ich auf mysteriöse Weise in eine andere, lebendigere Welt eingetaucht, die mir bis dahin verschlossen war. Sex hing für mich mit gewissen Bildern zusammen, die ich in meinem Hirn als besonders erregend gespeichert hatte, wie z.B. das Berühren bestimmter weiblicher Körperteile. Sie erregten mich tatsächlich, und ich kam so zum Höhepunkt. Doch war ich weder befriedigt, noch erfüllt, noch hatte ich den Eindruck, Neuland erkundet zu haben. Während es beim "kosmischen Sex" immer vollkommen ist, jedesmal total neu und aufregend.

Schluß mit den Beschreibungen. Was tat ich, um meine Erlebnisse zu verbessern? Ich entdeckte die Wut als Hilfsmittel. Wut, ganz verschieden geäußert. Wut kann auf akzeptable Weise abreagiert werden, wie übel das Gefühl auch sein mag. Voraussetzung ist nur, man will weiterkommen und nicht in seiner Wut verharren. Es grenzt manchmal an Zauberei, was man durch Wutausbrüche bei sich verändern kann. Phantastisch! Ich muß selbst spüren, daß ich nicht nur der nette Junge bin, der ich immer zu sein versuchte. Ich bin auch ein starkes, wildes Tier.

Vor kurzem beschimpfte mich meine Freundin heftig, ich sei so festgefahren. Je mehr sie mich anschrie, desto schlechter ging es mir; ich zog mich total in mich zurück und haßte sie dafür. Sie ließ sich aber nicht beirren. Doch plötzlich spürte ich ihre Anteilnahme und brach zu meinem eigenen Erstaunen über dem Küchentisch zusammen und weinte. Ich fühlte mich verzweifelt, gebrochen, zittrig, aber auch erleichtert darüber, mich wieder zu spüren. Wir gingen dann miteinander ins Bett, denn während meines Weinkrampfes hatte ich plötzlich sexuelle Gefühle entwickelt.
In mir ist viel unterschwelliger Haß auf meine Mutter und auch gegen jede andere Frau. Irgendwann hasse ich jede Frau, mit der ich zusammen bin. Solange ich das nicht richtig ausdrücken kann, wird's auch sexuell nicht klappen. Wenn z.B. eine Frau meinen Kopf tätschelt, werde ich sauer. Im Bett kann ich ihre Haare in meinem Gesicht nicht ausstehen – könnte sie wirklich umbringen deswegen. Ich kann auch nicht haben, daß eine Frau beim Sex oben liegt. Wenn ich das dann rausschreie, spüre ich sofort meine Mutter über mir, wie sie mich erstickt.

Es sind einige Monate vergangen, seit ich den letzten Abschnitt schrieb. Ich lebe jetzt in einer anderen Beziehung, fester als alle bisherigen.
Manchmal frage ich mich, ob ich nicht lieber wieder so wäre wie früher, so ruhig und ausgeglichen. Nie wäre ich damals auf die Idee gekommen, echte Probleme im Bett zu haben. O nein, ich hatte bloß noch keine perfekte Partnerin gefunden. Nichts konnte mir etwas anhaben. Aber was habe ich dabei wirklich gefühlt? Nicht viel. Und deshalb ist es mir doch lieber, so zu sein, wie ich jetzt bin: fast immer in irgendeinem gräßlichen Zustand, vor allem im Bett. Ich habe Kopf-, Bauch-, Rücken-, Zahnschmerzen, eingeschlafene Füße, bin verspannt etc. All das signalisiert mir, daß ich jetzt weinen, tief atmen, mich entspannen und empfinden muß. Manchmal kommt mir alles verdammt hoffnungslos vor.
Ja, meine Vorstellungen über Sex haben sich verändert. Zwischen mir und meiner neuen Freundin geht viel hin und her, wohl die

wichtigste Voraussetzung für guten Sex. Klar, wir streiten auch viel.
In den ersten beiden Wochen mußte ich jedesmal weinen, wenn ich mit ihr ins Bett ging. Ich weiß jetzt, was es für einen großen Unterschied macht, ob man beim Sex miteinander redet oder nicht. Zehn Millionen Worte können ihn zehnmillionenmal schöner machen. Natürlich nicht bloß irgendwelche Worte. Ich möchte ausdrücken, was mein Körper spürt, wenn er auf ihren Körper reagiert.
Mein Körper verrät mir alles, vorausgesetzt daß ich auf ihn höre. Wenn ich ihn ignoriere, gibt's extreme Reaktionen: ich werde krank, bin gedrückt, habe Hautinfektionen und Null Energie für die Arbeit.
Vor allem beim Tanzen entsteht zwischen uns eine unglaubliche Energie. Am besten ohne Musik, ganz spontan, in die Hände klatschen oder summen. Wir halten dabei Augenkontakt und geben Töne von uns, wiederholen vielleicht ständig ein Wort wie "Nein, nein, nein, Nein!" Das geht dann stundenlang – jedenfalls kommt's uns so vor – möglichst ausdrucksvoll, abwechslungsreich und aufregend – schnell, schneller, langsam, langsamer, rauf, runter, im Kreis herum, drehend, wirbelnd, schwitzend, schreiend, flüsternd, herausfordernd, laut brüllend, haßerfüllt oder sanft. Jeder genießt seinen eigenen Körper, was den anderen wiederum sexuell stimuliert. Ich liebe diese Art zu tanzen.

Letzte Woche hatte ich mit einem meiner ärgsten Probleme zu schaffen, mit einem todesähnlichen Zustand, der mich immer dann überfällt, wenn ich mich ins Bett lege. Während dieses betäubungsartigen Zustands denke ich mir immer eine Million guter Gründe aus, warum es wohl das beste sei, nachzugeben und wegzugleiten. Es hilft dann auch nichts, aus dem Bett zu springen und mich zu bewegen. Denn kaum liege ich nämlich wieder im Bett, zieht mich auch schon dieser verführerische Schlummer in tiefe Bewußtlosigkeit. Dann schlafe ich wie ein Stein und habe beim Erwachen keinerlei Erinnerung mehr an die Nacht. Meiner Part-

nerin geht es meistens genauso, so daß ich in der Kommune schon als Schlafmittel bekannt bin. Im schlimmsten Fall wache ich am Morgen mit dem Gefühl auf, daß mir jemand mit einem Hammer auf den Kopf geschlagen hat.
Vergangene Woche tauchte dieses besondere Schlafsyndrom wieder auf. Ich brauchte einige Nächte, um das zu checken. Zwei weitere Nächte brauchte ich, darüber hinweg zu kommen. Ich versuchte herauszufinden, was mir durch den Kopf ging, während ich so dahintrieb: "Oh, ich bin bloß Ned. Weltbewegende Gefühle gibt's doch nur in Büchern. Wirklich tief kann ich von einer Frau sowieso nicht berührt werden. Niemals. Ich bin Engländer. Betten sind zum Schlafen da und so weiter." Dabei entdeckte ich viel abwehrende und aggressive Energie. Sobald ich dem Zorn Luft gemacht hatte, war dieser betäubende "Äthereffekt" wie durch Zauberei verschwunden.

Meine wichtigste Beziehung seit langem ist meine Beziehung zu Snowy. Von ihr habe ich sehr viel gelernt – z.B. auch, wie man eine Frau zum Orgasmus bringt. Man kann viel über meine Beziehung zu Snowy sagen, aber bestimmt nicht, daß sie unreal wäre. Ob sie mich im Bett ohrfeigt, weil ich blockiere oder ich sie in der dunklen Küche zu erwürgen versuche – es ist immer alles sehr real und sehr irdisch gewesen.
Bevor ich nach Atlantis kam, kannte ich keine lustvollen Beziehungen, war eher darauf aus, Frauen zu beeindrucken. Ich lernte, auf mein eigenes Vergnügen aus zu sein. Doch trieb ich's dann etwas zu weit. Snowy brachte mir bei, mich nicht ständig nur um meine eigenen kostbaren Gefühle zu kümmern, sondern auch dafür zu sorgen, daß beide Teile etwas davon haben. Sie brachte wenig Verständnis auf für meine vielen kleinen Macken. Ich hatte zu akzeptieren, daß ich als Mann dafür verantwortlich bin, was im Bett geschieht. Snowy zeigte mir die empfindsamsten Stellen ihres Körpers und machte mir klar, wie sie als Frau berührt werden möchte. So lernte ich auch, daß nichts sonderlich geheimnisvoll am weiblichen Orgasmus ist, daß Frauen ihn leicht bekommen

können, wenn auch nicht unbedingt durch den Geschlechtsakt. Alle Bewegungen, die abrupt beginnen oder aufhören, lassen die Erregung einer Frau abflachen. Man muß rhythmisch, entspannt und einfühlsam sein. All das natürlich unter der Voraussetzung, daß ich die Frau auch befriedigen will. Mein Kopf sagte: "Klar will ich sie befriedigen." Aber so einfach war's eben doch nicht. Wenn es dann darum ging, die Theorie in die Tat umzusetzen, war ich weder rhythmisch, noch entspannt und schon gar nicht einfühlsam. Es ärgerte mich, ihr Lust zu bereiten. Anscheinend haben Frauen mehr sexuelles Potential als wir Männer, und das macht mich unsicher und auch neidisch.

Doch zum Glück war meine Neugier stärker. Ich begann auszuprobieren, was ich gelernt hatte. Ich wollte, daß Snowy bei jedem Geschlechtsverkehr mindestens einen Orgasmus hatte. Ich verzichtete darauf, mit ihr zu schlafen und schwelgte mit ihr ganz in sexuellen Zärtlichkeiten, ohne mich unter Druck gesetzt zu fühlen.

Wichtig war für mich auch, meine Blockierungen beim Orgasmus zu konfrontieren. Oft empfinde ich dabei nämlich mehr Schmerz als Lust. Ich hasse, daß der sexuelle Höhepunkt so endgültig ist und halte mich deshalb oft im letzten Moment zurück: "O Gott noch nicht! Ich will nicht, daß es schon vorbei ist! Sie will bestimmt auch nicht, daß ich jetzt schon komme." Tausend Gedanken in diesen letzten Sekunden führen dann zu einem schrecklichen Anti-Höhepunkt. Ein Gefühl, als ob mein Samen sich eher in mich zurückzieht, als sich nach außen zu verströmen. Absolut gräßlich!

Natürlich sollte ich diese tausend Gedanken lieber aussprechen, damit sie sich nicht noch vergrößern und vervielfältigen. Ich hab's versucht. Es wurde dadurch tatsächlich dynamischer und schöner.

Die wenigen Male, die ich einen befriedigenden Höhepunkt erlebte, habe ich unwillkürlich laut geschrien, ein tolles Gefühl. Vielleicht etwas erschreckend für meine Partnerin.

Wie die meisten Männer kann ich ziemlich leicht ejakulieren, oh-

ne aber viel dabei zu empfinden. Snowy dagegen meint, sie sei zu einer unendlichen Folge von Orgasmen fähig, von denen jeder zu immer größerer Lust führe. Wenn ich sie so reden höre, fühle ich mich höchst unzulänglich und kann plötzlich jene afrikanischen Männer verstehen, die ihren Frauen die Klitoris beschneiden oder die Vagina zunähen lassen.
Es kann aber schon vorkommen, daß ich mit einer Frau im Bett liege und ganz einfach Freude an ihrer sexuellen Lust empfinde. Dann nehme ich sie in meine Arme und fühle mich als starker, stolzer Beschützer, weil ich es war, der diese Empfindungen in ihr auslöste. Doch irgendwo bleibe ich distanziert und weiß, daß es eben doch nicht viel mit mir zu tun hat, auch wenn ich der Initiator war. Nein, sie taucht tief in sich hinab, in Bereiche, von denen ich nichts weiß.
Seit einiger Zeit bin ich mit Becky zusammen. Aus verschiedenen Gründen ist Becky im Augenblick nicht an Sex interessiert, behauptet sie jedenfalls. Trotzdem habe ich jede Nacht wieder große Erwartungen, bin sexuell erregt aber viel zu nervös und verspannt. Meine Erregung ist sehr penisbezogen. Schon der kleinste Kontakt würde vermutlich meinen Orgasmus auslösen; ich komme mir dann vor wie ein zu stark aufgeblasener Ballon, der jeden Moment platzen könnte. Ich habe versucht, sie zu überreden – mit allen möglichen Argumenten. Doch Fehlanzeige!
Wir wissen doch eigentlich, daß wir Männer, technisch gesehen jedenfalls, beim Sex die Verantwortlichen sind. Folglich dürften Frauen, die im Bett "zu" sind und sich verweigern, eigentlich kein Problem sein, während es umgekehrt für Frauen durchaus ein Problem ist, wenn wir uns derartig verhalten.
Trotzdem kann ich nur schwer akzeptieren, wenn sie ihre Beine zusammenpreßt, mir den Rücken zukehrt und meine Annäherungsversuche miesmacht. Ich müßte meine Energie von ihr unabhängig machen und würde dann wahrscheinlich automatisch zu ihr durchdringen. Aber das schaffe ich nicht. Mein Problem dabei ist, glaube ich, etwas zu riskieren und dabei erstmal alleine zu stehen.

Neulich lag ich mit Anne im Bett, die mich genauso wegstieß wie Becky. Sie wollte lieber schlafen. Außerdem sei ich viel zu verspannt und würde ihr doch nur wehtun. Da klickte plötzlich was in mir und ich wurde weicher. Eine unglaubliche Wandlung von totaler Verhärtung zu einem wunderbar warmen Gefühl. Ich war plötzlich einfach zufrieden. Meine Erektion war weg, und ich hatte auch keine Lust mehr auf Sex. Später in der Nacht weckte ich sie auf und fühlte mich total sinnlich und sexuell.

Wie sehr ich auf die Initiative der Frau angewiesen bin, stellte ich auch schon Snowy gegenüber fest. "Ich möchte mit dir schlafen", verkündete ich auf der einen Seite des Bettes. "Gut, mein Lieber", oder "Na prima", antwortete sie auf der anderen und schlief gleich ein. Verdammt!

In solchen Momenten ist an Schlaf ja nicht zu denken. Alle Energie im Kopf und je mehr ich mich deswegen quäle, desto schlimmer wird's. Dabei müßte ich mich bloß öffnen und locker werden.

Snowy verschließt sich ja nicht absichtlich gegen mich, hat aber auch keine besondere Lust, sich mir zu öffnen. Sie ist einfach da und es ist an mir, ebenfalls da zu sein. Unbeholfen lege ich meine Arme um sie. Sie murrt im Schlaf und fragt, was ich denn vorhätte. Ich entschuldige mich und bitte sie, ihre Hüfte ein bißchen zu verschieben, damit ich meinen Arm unter ihr durchschieben kann. Die neue Haltung ist gräßlich unbequem. Ich fange an, Snowy zu betasten, doch sie sagt : "Stop!" Ich denke: Ja, sie hat ja recht, das war irgendwie nicht richtig. Auf einmal kriege ich eine Erektion. Toll! Gott sei Dank, denke ich und bekomme Schiß, was damit anzufangen. Doch dann ist es sowieso schon wieder aus damit. Snowy murmelte irgendwas Abfälliges. Blödsinn, sie murmelt nur was im Traum.

Was nun? Tief atmen, mich für irgendwas entscheiden. Ich weiß ja selbst, wie fürchterlich das ist, wenn sich jemand zögernd und vorsichtig an mich herantastet. Doch man soll auch nicht gleich aufgeben, wenn's nicht auf Anhieb klappt. Gut! Ich streichle Snowys Po mit beiden Händen, ganz ruhig. Jedesmal, wenn mir der

Gedanke kommt, daß es nicht klappt, mache ich trotzdem weiter. Mir beginnt das langsam Spaß zu machen, und vermutlich läßt sie das auch nicht kalt. Ich spüre das berühmte Kribbeln – guter Sex folgt dann fast zwangsläufig.

ROB "... "

Letztes Wochenende hatte ich den besten Sex meines Lebens. Ich begann mit dem Vorsatz, möglichst rasch zum Höhepunkt zu kommen, war dann aber eine Stunde voll dabei. Hinterher hatte ich das Gefühl, alles gekriegt zu haben, was ich wollte, und war "nicht einmal" zum Orgasmus gekommen.
Was Atlantis und meine dortigen Erfahrungen betrifft, so gebe ich gar nicht gerne zu, daß ich irgendetwas gelernt haben könnte. Und doch: Wenn ich in puncto Sex blockiert bin, dann gibt's eine Methode, die hilft, nämlich sich zu zeigen, auszudrücken und kreativ dabei zu sein.
Ich stamme aus einer Akademikerfamilie, wo Sex nie erwähnt wurde, bis auf ein einziges Mal, als ich ungefähr zwölf war und wissen wollte, was das für ein klebriges Zeug war, das aus meinem Penis kam. Ich hatte Angst, daß er zerbrochen war. Man gab mir ein Buch zu lesen, und das Thema kam nie mehr zur Sprache.
Bevor ich Snowy kennenlernte und Atlantis häufig besuchte, war ich beim Sex hauptsächlich mit zwei Dingen unzufrieden. Erstens kam ich sehr früh zum Höhepunkt und zweitens hatte ich nicht den Mumm, meiner Partnerin zu zeigen, wie ich empfand, was zwischen uns passierte.
Was ich in Atlantis suchte und auch fand, war eine offene Haltung gegenüber Sex. Ehrlich gesagt, schockierte es mich gehörig, wie sehr Snowy sich mir öffnete, unfaßbar wieviel Lust ich ihr bereiten konnte, ausgerechnet ich!
Ich zeige einer Frau äußerst ungern, daß ich sie mag und durch sie befriedigt werde, schon weil ihr das große Macht verleiht. Ich will ja auf keine Frau angewiesen sein.
Was ich auch in Atlantis gelernt habe: Man bekommt letztlich im-

mer das, was man verdient – im Sex wie auch auf anderen Gebieten. Man kann sein Leben lang auf Wunder warten, doch ändern wird sich dadurch nichts. Nur wenn man alles riskiert, hat man auch die Chance, alles zu genießen. Nur wenn ich ohne Vorbehalte gebe, kann ich das von anderen wiederum erwarten.
Ich erinnere mich noch gut, wie ich mal mit Snowy im Bett lag und keine Lust auf Sex hatte, während sie gern mit mir schlafen wollte. Sie bat mich, ihre Genitalien zu berühren, doch mich widerte das an. Sie ermutigte mich, meinen Widerwillen zu verbalisieren, während ich sie anfaßte. "Puh, ist das eklig! Das fühlt sich ganz schleimig an." Und ein Weilchen später: "Ich möchte brutal zu dir sein, dich umbringen ..." Ich konnte meine ganze Abscheu in meine Worte legen und Snowy gleichzeitig mit meiner Hand viel Lust bereiten.
Ein anderes Mal hatte Snowy mich den ganzen Tag genervt. Ich hätte sie am liebsten erwürgt. Als ich dann merkte, daß Snowy trotzdem mit mir schlafen wollte, konnte ich's einfach nicht fassen. Sie erklärte mir, daß ich ja nicht aufhören müßte, sie zu hassen, auch wenn wir miteinander schliefen. Ich sollte alle negative Energie in den Sex fließen lassen. So war's dann auch. Mit jedem Stoß schrie ich meinen Haß raus.
Und dabei bin ich allein!
Die Beziehung zu Snowy bedeutete einen Wendepunkt in meinem Leben. Ich entdeckte in mir eine Spontaneität, die ich nie bei mir vermutet hätte, und zwar von Anfang an, noch bevor ich ein Wort mit ihr gewechselt hatte. Hier war plötzlich eine Frau, deren Körper meinen ergänzte und die mich so sehr begehrte, daß ich alle meine Zweifel vergaß und einfach nur noch genießen konnte.
Drei Tage und Nächte waren wir unzertrennlich. Dann stellte ich voller Entsetzen fest, daß Snowy auch einem anderen Mann Beachtung schenkte. Ich war irre wütend und sehr verletzt. Statt darüber zu reden, steigerte ich mich in eine Phantasiewelt, die Snowy als "schizophren" abtat, was ich ihr wohl kaum verübeln kann.
In den nächsten dreieinhalb Jahren versuchte ich, in Atlantis heimisch zu werden, was nicht besonders gut klappte. Warum wohl?

Jedesmal, wenn es zwischen Snowy und mir wieder enger wurde, raste ich vor Eifersucht, sobald sie sich anderen Männern, Frauen oder auch nur einem Buch zuwandte. Statt meine Unsicherheit einzugestehen, spielte ich den Armen, drückte mich vor einer Auseinandersetzung und verschwand für Monate in der Versenkung. Snowy reagierte darauf sauer, manchmal sogar handgreiflich.
Es dauerte eine Zeit bis ich begriff, daß meine Eifersucht mehr mit mir zu tun hatte als mit ihr.

III

Durchblick

oder der Versuch zweier Frauen, ihren Schwestern ein paar Tips zu geben, wie man mit einer (an sich) hoffnungslosen Situation klarkommen kann.

In den 40er und 50er Jahren aufgewachsen, lernte ich schon als Kind, daß ich als Mädchen nicht auf Jagd gehen darf. Mädchen müssen abwarten. Falls der Angebetete sie nicht beachtet, haben sie eben Liebeskummer und damit basta. Wenn ein Mädchen auch nur den leisesten Annäherungsversuch macht, wird sie sofort als Flittchen gebrandmarkt. Das lernte ich von meiner Mutter, aus Frauenzeitschriften, Filmen und der ganzen kulturellen Atmosphäre in Kent; dieselbe übrigens, in der auch Mick Jagger aufwuchs, ein paar Häuser weiter in unserer Straße.
Ich haßte das. Ich wäre viel lieber ein Junge gewesen, schon um mir erobern zu können, was ich haben wollte. Ich litt, tobte, rebellierte, bekam Prügel von meiner Mutter. Ich ging sehr früh von zu Hause weg, heiratete früh, trennte mich jedoch sehr bald von meinem Mann. Mich selbst lernte ich jedoch reichlich spät kennen. Als Teenie und als Twen, auch später noch, steckte ich entweder in einer ernsthaften Beziehung, wo wir uns aufrichtig Mühe miteinander gaben, oder ich führte einen Affenzirkus auf, sobald ich mit einem tieferen Gefühl nicht fertig wurde. Dazu kam dann noch die Verzweiflung. Sie führte mich schließlich mit siebenundzwanzig Jahren in eine Therapie.
Dort lernte ich etwas ganz Wunderbares kennen, nämlich wie ich mich öffnen kann. Ich mußte nichts tun, als alle Blockierungen loszulassen, und schon gehörte mir die Welt. Trotz meines aktiven Lebens hatte ich immer geglaubt, ich sei ausgesprochen neurotisch, während für mich die anderen meistens okay waren.
Ich lernte meine Lektion, arbeitete daran, mich zu öffnen und prompt ging es mir immer besser. Ich schaute mich um und wartete auf das Zauberwort, durch das mir alles, d.h. die emotionale und sexuelle Reaktion, die ich mir bei einem Mann erwünschte, in den Schoß fallen würde. Fehlanzeige! Nächster Versuch. Irgendwas läuft falsch. Versuch's noch einmal. Dann begriff ich mit Erleichterung und Schrecken zugleich, daß auch mit den anderen um mich herum vieles nicht in Ordnung war. Wir lebten doch alle mehr oder weniger aneinander vorbei; mit Ausnahme weniger ekstatischer Augenblicke gegenseitigen Erkennens.

Ich entwickelte mich zu einer tollen Therapeutin. Half meinen Partnern ins Bett und auch wieder raus. Ich gab und gab und gab, war voller Verständnis, habe immer geholfen. Idiotisch!
Natürlich war ich deswegen häufig verzweifelt, und dann fiel mir ein: Du mußt dich selbst lieben! Warum auch nicht, wenn's kein anderer für dich tut? Entwickle dich! Werde immer besser! Mach weiter, gib nicht auf, Selbstmord ist ein alter Hut. Die neue kreative, positive, lebensbejahende Einstellung sagt: versuch's noch einmal, wie schwer's dir auch fällt.
Ich hatte immer daran geglaubt, daß irgendwo ein Mann existiere, der mir entsprechen würde. Ich sei bloß noch nicht reif genug, besäße nicht jenes völlig heile, runde Selbst, dem es vergönnt wäre, ein solches Wesen zu treffen – noch nicht. Aber eines Tages... Hinter jedem Busch, jeder Straßenecke vermutete ich "ihn" und machte deshalb Erfahrungen mit den unwahrscheinlichsten Typen. Im Laufe dieser Jahre passierte mir viel Merkwürdiges und auch Verletzendes; ich suchte Freunde und Gleichgesinnte und machte aus dem Leben so eine Art Abenteuerspielplatz. Dabei lernte ich eine ganze Menge über Männer... und allmählich auch eine ganze Menge über mich selbst.
Plötzlich war ich Ende dreißig. Der Traum war vorbei. "Er" schien einfach nicht zu existieren. Werde ich das je wirklich glauben?
Also verwarf ich meine Auffassung, daß er irgendwo – hinter dem Busch, um die Ecke – sein müsse, gab die Suche auf und konzentrierte mich auf den Mann direkt vor mir. Das war ein Mann, der die Unarten aller Männer in sich vereinte, jedoch wenigstens Humor hatte. Ja, ich habe verdammt lange gebraucht, um erwachsen zu werden. Mir war von meiner Mutter eingebläut worden: "Du sollst die Männer hassen!" Da ich aber genau wußte, daß sie es war, die ich haßte, beschloß ich, das Heil bei Männern und im Sex zu suchen. Welch ein Fehler! Jetzt steckte ich ganz schön in der Zwickmühle: als ich dieses Buch zu schreiben begann, hatte ich immer noch die fixe Idee, Sex sei ein Allheilmittel. Und nun, Jahre später – ich bin inzwischen zweiundvierzig – bleibt mir nichts anderes übrig, als das zu widerrufen. Mein Zustand der Zu-

friedenheit stimmt mich fast bedenklich, wo ich doch früher nie "satt" zu kriegen war. Ich frage mich: Ist es das Alter? Habe ich etwa aufgegeben? Will ich mich vor weiteren Enttäuschungen schützen? Jetzt habe ich so meine Zweifel, ob ich euch nicht wirklich empfehlen soll, euch lieber der Kunst, der Kreativität, der Musik und sonstigen schönen Dingen zuzuwenden, wie es die Männer doch seit eh und je getan haben, wenn sie sich frustriert und gelangweilt von ihren Frauen abwandten. Gerade das scheint nun auf die Frauen zuzukommen, die aufgehört haben, das Underdog-Spiel zu spielen und sich mit den Männern herumzuschlagen, die geradewegs in die Falle getappt sind, aus der wir uns gerade herausgewunden haben.

Persönliches Wachstum und Kreativität sei also die Devise – und ab und zu mal ein bißchen Sex. Das meine ich jetzt nicht einmal als schwachen Trost, denn Lachen, Streiten und kreative Gespräche können den Körper genauso erhitzen, das Gemüt beruhigen, den Geist beflügeln, die Seele erheitern und euch so in Schwung bringen, daß ihr's vielleicht doch noch mal mit dem mürrischen Macker versucht, den ihr euch (für alle Fälle) aufgehoben habt. Vielleicht ist sein Panzer gerade mal so weit offen, daß ihr mit ihm schlafen könnt ...

Falls nicht – kein Grund zur Verzweiflung. Es gibt ja wichtigeres. "Sometimes the pen is mightier than the penis."

Winter 1982. Ich befand mich in einem total desolaten Zustand, war in London, statt auf meiner geliebten irischen Insel und hatte mich gerade von einem Mann getrennt, mit dem ich mich immerhin drei Jahre lang herumgeschlagen hatte – umsonst, wie ich nun meinte. Ich warf mich aufs Sofa eines Freundes und sagte: "Das ist's, Tod, aus, Ende der Hoffnung; ich weiß nicht weiter." Der Freund mit dem Sofa war zufällig auch mein Verleger und redete ständig von einem Buch über männliche Sexualität, das ich mal zu schreiben versprochen hatte – lange her. Das paßte nun wirklich wie die Faust aufs Auge, wo ich doch noch nicht einmal imstande war, mit meinem "Mann", dem Vater meiner zweijährigen Tochter am selben Tisch zu sitzen, geschweige denn, mit ihm in einem Bett zu liegen.

Ich habe mir jedoch angewöhnt, auch in einer solchen Stimmung meinen Humor zu bewahren. So ermunterte ich also meine Freunde, aus mir rauszuholen, was nur ging. Mein Freund Andres reagierte phantastisch, indem er mich dazu brachte, einige Bänder für das vorliegende Sexbuch zu besprechen. Er bot großmütig an, mich zu interviewen und die Bänder später abzutippen. So setzte ich mich, notgedrungen zwar und etwas zynisch, damit wieder in Bewegung und vergaß zum Glück (für alle) erstmal wieder mein persönliches Unglück. Die Interviews machten großen Spaß. Hier das Resultat:

A: Was ist deiner Meinung nach an den gängigen Auffassungen bezüglich der männlichen Sexualität verkehrt?
JJ: ... daß Männer mehr Sex wollen als Frauen und die "Jäger" seien. Männer finden beim Sex fast immer ein gewisses Maß an Befriedigung, während Frauen sehr oft üble sexuelle Erfahrungen machen. Das ist der Grund, warum sie dann sehr zurückhaltend werden, sich verweigern oder sogar depressiv reagieren, was Sex betrifft. Und deshalb sieht's dann so aus, als seien die Männer unheimlich scharf darauf, während die Frauen von Hause aus lustlos seien, was überhaupt nicht stimmt. Ganz im Gegenteil! Frauen sind wie Tiere in der Brunst: wenn sie in der entsprechenden Stimmung sind, kennen sie keine Grenzen.
A: Warum ist Sex dann oft so mies?
JJ: Man kann durch Sex in sehr tiefe Gefühlsebenen gelangen, vorausgesetzt, man läßt dies zu. Und das fällt Männern sehr schwer, weil sie es über ihre Erziehung kaum kennengelernt haben. Deshalb haben Männer letztlich mehr Angst vor Sex als Frauen, denen es schon eher "gestattet" ist, tiefere Ebenen ihrer selbst zu erforschen. Männer haben Angst davor, sich auf mysteriöse Weise zu "verlieren". (Dazu gehört auch die "Kastrationsangst".) Sie fürchten, von den Gefühlen der Frauen "überflutet" zu werden. Aber oft können sie nicht einmal klar verbalisieren, wovor sie eigentlich solche Angst haben.
So z.B. Bill. Er sagte mir: "Mit euch Frauen wird man ja schon

im normalen Leben nicht fertig, ganz zu schweigen vom Sex." Seiner Meinung nach sollten Frauen keinen Orgasmus haben, da sie sowieso schon überemotional sind. Also sorgt er dafür, daß seine Partnerin keinen kriegt. Nichts leichter als das! Als ich mit ihm über meine Gefühle beim und nach dem Orgasmus sprach, war er geradezu entsetzt.
Männer sind zur Härte erzogen. Sie sollen erfolgreich sein und sich ihren Platz erkämpfen können. Damit gilt zuviel Innenleben als überflüssig. Bei Frauen ist es genau umgekehrt: Frauen werden dazu erzogen, nicht mit der Außenwelt zu Rande zu kommen, indem man sie in engem Kontakt zu ihrem "weichen" femininen Selbst hält. Ich denke da z.B. an die ganze Geschichte mit dem Kinderkriegen. Ich weiß nicht, was man dagegen tun kann, daß Männer ihre Gefühle blockieren. Wären sie in der Lage, sich ihrer Wut auf eine gute, konstruktive Weise hinzugeben, würden allmählich alle Gefühle zu fließen beginnen (auch weinen wäre dann wieder möglich). Viele Männer blockieren selbst ihre eigenen Stärken. Sie wollen nicht darum kämpfen, was sie sich von einer Frau wünschen. Warum nicht? Männer werden schließlich von Frauen erzogen, und eine Mutter denkt nicht im Traum daran, ihrem Sohn beizubringen, wie er seine Wünsche durchsetzen kann.
A: Was kann man dagegen tun?
JJ: Tja, im Moment bin ich vollkommen ratlos und habe aufgegeben, habe meinen Partner sogar rausgeschmissen und fühle mich richtig krank deswegen. Ich gebe mich geschlagen, weil ich nicht mehr weiß, was ich tun kann, um von ihm zu kriegen was ich haben will und weil er mit seiner eigenen Lust nicht klar kommt. Ich will einem Mann nicht "auf halbem Weg" entgegenkommen. Mich drängt es zu sehr, mich selbst auszuloten. Sex ist ganz eindeutig ein Mittel, durch das ich meine eigenen Tiefen spüren kann. Ich habe durchaus den Versuch unternommen, mich von philosophischen oder auch spirituell angehauchten Menschen überzeugen zu lassen, daß man Sex transzendieren könne. Aber es funktioniert nicht, jedenfalls nicht bei mir. Ich wäre immer noch zur Konversion bereit, wenn die Leute, die andere Metho-

den propagieren, überzeugend wären. Dazu gehört auch, daß sie körperlich schön und gesund sein müssen. Wenn mir nämlich mies-aussehende, miesriechende Leute irgendwelchen philosophischen oder spirituellen Kram erzählen, dann läßt mich das völlig kalt.

A: Warum ist Sex so wichtig für dich?

JJ: Weil ich weiß, was beim Sex mit mir geschieht; nämlich daß ich *mich* liebe. Sex ist zwar nur selten wirklich gut, aber ich habe lieber schlechten Sex als gar keinen.

Im Moment will ich von Fred nichts mehr wissen. Er blockt und verweigert sich. Natürlich könnte ich da etwas tun: ich könnte meinen Stolz überwinden, auf den Knien zu ihm rutschen und die Kurtisane oder Prostituierte spielen. Das würde bei ihm wahre Wunder bewirken. Das schaffe ich aber nicht. Er blockt meist gerade dann, wenn alles sehr sehr schön gewesen ist und ich mir auch große Mühe gegeben habe, es so schön zu gestalten. Und dann bin ich viel zu sauer und zu wenig selbstbewußt, um immer den richtigen Ausweg aus all den Schwierigkeiten zu finden. Ich hasse ihn dann und zwar mächtig.

In rein "technischer Hinsicht" kann man einen Mann leicht verführen. Bereits mit vierzehn brachte mir ein Vierundzwanzigjähriger alles bei, was es darüber zu wissen gibt. Letztlich braucht man aber einen "draufgängerischen" Mann, um sich als Frau richtig weiblich fühlen zu können. Ich habe alle Männer, mit denen ich in den letzten Jahren liiert war, mit ihren jeweiligen Blockierungen konfrontiert und sie haben darauf alle das gleiche gesagt: ihre tollste sexuelle Phantasie sieht nämlich so aus, daß sie sich hinlegen und die Frau letztlich alles tun lassen. Deprimierende Aussichten!

Mein bestes Sex-Erlebnis hatte ich mit Fred. Er ist kein Junge, er ist ein Mann und sehr sinnlich. Unter all dem katholischen Schrott ist er in seiner Art ziemlich draufgängerisch. Die guten Erlebnisse kamen immer dann zustande, wenn er ein bis zwei Monate weg und voller Leidenschaft war – ohne Stolz oder sonstige Einbildungen. Guten Sex gab's aber nur ein-, zweimal nach seiner

Rückkehr. Dann wurde er wieder kopfscheu und benahm sich wie ein Idiot. Beim dritten Mal – es wurde nie vollendet – kam schon wieder sein Zorn hoch. Wenn seine Begierde stark ist, dann ist es absolut wunderbar.

Früher dachte ich immer, mein Körper funktioniere nicht richtig. Erst seit er mit mehreren Männern eben doch "funktionierte", habe ich diese Art von Selbstvertrauen.

A: Erzähl mir noch was über Freds Zorn und Blockiertheit. Worüber ist er so zornig?

JJ: Fred behauptet, und ich glaube ihm, daß er voller Zorn ist, weil er erst mit dreiunddreißig Jahren das findet, was er immer gewollt hat: Menschen, die vital, fröhlich, auf Lust und Vergnügen aus sind, während er dreißig Jahre lang seine Seele für die trostlosen katholischen Ideale einer irischen Dorfgemeinde verkaufte. Verzweifelt klammert er sich andererseits an die alten Standpunkte, damit er sein verpfuschtes Leben eben doch noch rechtfertigen kann. So simpel ist das, so simpel und kompliziert.

Bekanntlich ist bei jeder Therapie einer der schmerzvollsten Momente gekommen, wenn man sein bisher ungelebtes Leben voll erfaßt und den Tod in sich spürt. Das ganze ist bei ihm also meines Erachtens das Grundproblem.

Der Zorn wird dadurch ausgelöst, daß man mit der Möglichkeit konfrontiert wird, sich zu ändern, sich besser zu fühlen. Vor allem, wenn man von außen gedrängt wird, es zu tun, sich aber in der bequemen Lage befindet, Widerstand leisten zu können. Dann kommt es einem auf irgendeiner Bewußtseinsebene so vor, als ob der andere einem Schmerz zufügen will. Das ist eine Einstellung, die total isoliert. Wenn es etwas gibt, was uns bei allen Männern auffiel, dann ihre Isolation und Entfremdung: von einander, von sich selbst, von ihren Partnerinnen.

A: Was würdest du einem Mann raten, um emotionale Blockiertheit zu überwinden – vorausgesetzt, er ist grundsätzlich bereit dazu?

JJ: Meine Erfahrung lehrt mich, daß Männer leider *nicht* dazu bereit sind. Ich konnte keine Bereitschaft entdecken – bestenfalls mal rein theoretisch, im Kopf. Sobald es um den Bauch geht oder – o Gott! – um noch weiter unten, da ist es aus mit jeder Bereitschaft. Stärke ist den meisten Männern wichtiger als Selbsterforschung. Sie haben einfach keine Lust aufzubrechen. Sie meinen, sie seien dann keine Männer mehr, und tatsächlich wären sie dann nicht mehr *die* Männer, so wie wir sie jetzt kennen.

Eigentlich schwanke ich ständig zwischen totaler Verzweiflung: "So ist's nunmal, da ist nichts zu machen!" und Optimismus: "Unsinn! Natürlich kann man was tun. Es muß sein."

A: Wenn Leute über Sexualprobleme von Männern reden, dann meist über so etwas wie Impotenz oder Ejaculatio Praecox. Wie denkst du darüber?

JJ: Das spielt eigentlich gar keine Rolle. Es kommt viel mehr auf die seelisch-geistige Kraft und Energie beim Sex an. Natürlich habe ich's schon erlebt, daß ein Mann viel zu früh kam, und es gräßlich und frustrierend war. Doch konnte es mit einem anderen Mann unter den gleichen Vorbedingungen phantastisch sein, einfach weil bei diesem kurzen Sex viel Energie, Gefühl oder Leidenschaft rüber kam. Ich habe auch erlebt – wie sicher viele Frauen – daß ein Mann ewig am rummachen war, und mich das nur angeödet hat, weil es rein mechanisch funktionierte. Einige meiner bemerkenswertesten "sexuellen" Beziehungen – wenn auch immer recht kurzlebig – hatte ich mit "Problemfällen", d.h. mit Männern, die keine Erektion bekommen konnten oder nichts damit anfangen konnten (oder wollten), die bisher rein homosexuell waren und nicht im Traum daran dachten, es mit einer Frau zu tun; mit Männern, die kaum ins Bett zu locken waren und auf keinen Fall die Stiefel, geschweige denn die Hose auszogen, falls es doch mal dazu kam. Die Beziehungen waren energiegeladen und deshalb erregend; waren auch erregend wegen der herrlich verrückten Rolle, die ich dabei spielte etc. Es ist also unsinnig, über "technische" Probleme zu reden, ohne die Vielfalt an Emotionen einzubeziehen.

Was da an Gefühlen auf dich zukommt, ist zum Teil so gewaltig und erschreckend, daß du's einfach nicht konfrontieren kannst.

Also ziehst du dich in dich zurück, läßt den eisernen Vorhang runter, und damit ist die Sache gelaufen. Zunächst mal wirst du erleichtert sein, doch dann folgen Monate, Jahre, vielleicht ein ganzes Leben der Lustlosigkeit. Eine gewisse Abwechslung bieten nur Anfälle von Verfolgungswahn, nämlich wenn du fürchtest, es könnte irgendwer kommen und dich wieder in Bewegung setzen. Dieser Zustand muß nicht endgültig sein, natürlich kann man sich auch wieder öffnen. Ich habe selbst miterlebt, wie Männer nach wirklich langer Blockierung wieder auftauten.

Die erste Frage ist: Was kann einen wieder in Bewegung bringen? Entweder du entscheidest dich ganz bewußt, deinem Selbst zuliebe, zu erneuter Lebendigkeit. Das hieße, unabhängig zu sein und ganz einfach Verantwortung zu übernehmen; das setzt viel Selbstachtung und hohes geistiges Anspruchsniveau voraus. Oder du bist jemand, der immer verwöhnt wurde und der die Freude nicht kennt, ein Mensch mit Verantwortung zu sein. Du bist vielleicht sogar stolz auf deine Blockierung, dein Problem, weil du sie als Bestrafung gegen Menschen einsetzen kannst, die dich zur Veränderung bewegen wollen. Selbst wenn du also den Verweigerer und Unabhängigen mimst, bist du im Grunde schrecklich abhängig: du brauchst es, daß der andere an deinem Zustand leidet. Du selbst leidest nicht genug unter deiner Blockiertheit, um dir die Mühe zu machen, etwas in Bewegung zu setzen.

Diese Art von Blockierung ist leider weit verbreitet – meines Erachtens einer der Gründe, warum die Menschheit sich an die Idee eines Atomkrieges zu gewöhnen beginnt. Sie hat alle Hoffnung aufgegeben, jemals aus diesen emotionalen Blockierungen rauszukommen. Nach dem Motto: "Also bleibt uns nur noch die Möglichkeit, uns gegenseitig zu bedrohen und irgendwann mal in die Luft zu jagen."

Um beim Thema Blockierung oder Durchbrechen von Blockierung zu bleiben: Es ist so, als breche man mit dem Kopf voran durch eine Spiegelglasscheibe. Man glaubt, man werde es nicht überleben, stellt dann aber fest, daß man lebendiger ist als je zuvor, wie neu geboren. Natürlich hält das nicht an, und man muß hart daran arbeiten, um so lebendig und offen zu bleiben, da immer tausend Einflüsse, Entschuldigungen und Gründe dagegen arbeiten.

Lust ist so zart und zerbrechlich wie ein Schmetterling. Also nichts, worauf man sich verlassen kann, nichts, was man garantiert kriegt. Schmerz dagegen ist eine todsichere Sache, und noch dazu leicht zu haben. Wenn jemand fest entschlossen ist zu blockieren, kann er nicht bewegt werden, weil blockieren nicht anstrengend ist, während Wandel und Bewegung einen beträchtlichen Energieaufwand erfordern. Ich bin nur daran interessiert, solchen Leuten zu helfen, die Blockierungen durchbrechen wollen; dazu gehören vor allem Blockierungen, die sie anderen Leuten "zu verdanken" haben. Ich bin der verrückten Ansicht, daß Kreativität und positives Wesen von lebensbejahenden Menschen – wie gering auch die Anzahl – große Wirkung haben kann; d.h. durch ein bewußt positives Leben bringt man miese Typen zum Verkümmern.

A: Du wolltest noch etwas über die Techniken erzählen, wie man Blockierungen loswerden kann.

JJ: Technisch gesehen ist das sehr einfach. Es gibt viele kluge, schöne, lustige und interessante Methoden dafür. Die gesamte Encounter-Therapie bietet Hilfe, aber auch etwas ganz anderes, wie die Welt des Tanzes, der Musik oder des Theaters.

A: Kannst du einige dieser Methoden beschreiben?

JJ: Könnte ich schon, aber es hat wenig Zweck, da es haufenweise Bücher über dieses Thema gibt. Falls du bei deiner Partnerin blockiert bist, während sie noch offen ist und will, daß du aus dir herauskommst, dann könntest du dich vor sie hinsetzen, ihr in die Augen schauen, dabei ruhig atmen, nie den Blick abwenden und alles zulassen, was in deinem Körper geschieht: frösteln und zittern, halluzinieren etc. Das ist z.B. eine gute Methode. Die Energie des Augenkontakts! Oder du erzählst jemandem, wovor du am meisten Angst hast und tust es dann ganz einfach. Kommunikation ist dabei von entscheidender Wichtigkeit. Ich glaube nicht an Entwicklung in der Isolation. "Nur du kannst es tun, aber nicht

allein!" Das habe ich mal irgendwo gelesen und halte es für richtig.
Männer sagen uns oft: "Ich habe dir nichts zu geben". Sie meinen aber damit: "Ich habe dir nicht Gutes zu geben". Ihr solltet euch mal richtig mit eurem Zorn beschäftigen. Schafft ihr das, wirkt es Wunder – wie ein Energieschub – und ihr werdet hinterher jede Menge sexueller Gefühle haben. Ihr habt nichts gelernt, als Widerstand zu leisten.
A: Wieso hatten dann so viele zornige Auseinandersetzungen, die ich selbst miterlebte, nichts Positives an sich? Sie waren nur gräßlich. Das ist der Grund, warum ich mich ganz bewußt zurückhalte, sobald ich auf eine Frau zornig werde. Ich kann mir einfach nicht vorstellen, wie eine solche Szene gut oder kreativ sein soll.
JJ: Das liegt wohl daran, daß anscheinend sehr viel Gehässigkeit in dir steckt. Die muß unbedingt aus dir raus, um allem anderen in dir mehr Raum zu geben. Vielleicht kannst du deine Gehässigkeit besser in einer Gruppe loswerden, wenn du's dir in einer Zweierbeziehung nicht zutraust. Warum sagst du nicht: "Wenn ich den Zorn nicht aus mir rauslasse, verkümmere ich und kann mich an mir selbst nicht freuen." So, wie du dich entscheidest, beim Tanzen oder im Tai-Chi mitzumachen, mußt du dich auch entscheiden, neue Seiten von dir zu entwickeln. Das Wichtigste ist erst mal die Entscheidung, denn es gibt haufenweise Methoden, die dir weiterhelfen, in jeder Art von Therapie.
Pete: Ich fürchte mich nicht vor der Aggression an sich, sondern vor der Aggressionen zwischen Frau und Mann.
JJ: Weil dich die Erkenntnis entsetzt, daß du notfalls selbst zum Mord fähig wärst. Je größer ein Mann ist, desto mehr Angst hat er vor seiner Aggression – und du bist ein Riesenkerl, Pete. Eine Frau kann in dir viel heftigere Gefühle hervorrufen als ein Mann. Oft ist es so, daß du sie zwar begehrst, aber auch töten willst, weil sie dich so wütend macht.
Sobald man bei seinem Partner an eine Blockierung gerät, kommt man schwer weiter. Ist aber eine dritte, vierte oder fünfte Person dabei, dann besteht eine Chance, daß diese "Außenste-

henden" klarer sehen und mit Ratschlägen helfen können. Es ist einfach mehr Kreativität, mehr Energie, mehr Bewegung und Offenheit da, wenn mehr Leute zusammenkommen. Vermutlich ist es der geheime Wunsch eines jeden, daß er einen Menschen findet, der für alles ideal ist. Ich bin da aber sehr skeptisch, wenn man noch nicht unglaublich reif ist ...

A: Gibt's eigentlich auch Frauen mit blockiertem Zorn?

JJ: Natürlich! Jede intime Nähe beschwört schlechte Erinnerungen herauf, Abscheu, manchmal auch Verzweiflung. Wenn es zum engsten Kontakt im Leben eines Erwachsenen kommt, zum Sex, dann wird die Vergangenheit wieder lebendig. Bei mir ist das ganz eindeutig so, aber auch bei Männern. So kann dich z.B. unsägliche Wut packen, weil dieser Mensch, dieser Fremde, wer es auch sein mag, solch unglaubliche Bedürfnisse in dir wecken kann. Bei wirklich gutem Sex bin ich oft völlig ausgeflippt. Je gewaltiger das Erlebnis, desto tiefer wirft es dich auf dich selbst zurück.

Pete: Ich bin noch nie so tief berührt worden, daß ich eine zornige Reaktion gespürt hätte. Und bei mir hat auch noch keine Frau so reagiert.

JJ: Halt, Moment mal, Pete! Es gibt sowas wie eine Basis-Verteidigung, die dir gar nicht erst erlaubt, mit einer Frau ins Bett zu gehen, die derartige Gefühle in dir auslösen könnte. Wenn ich mich nicht irre, hattest du neulich ein sehr gutes Gespräch mit Fred. Darin hast du das Dilemma geschildert, in dem ein starker zorniger Mann steckt, der plötzlich spürt, daß er an äußerst empfindsame Seiten in sich stoßen könnte. Genau das wolltest du aber nicht, weil dann dein gewaltiger Zorn in dir hochkommen würde. Folglich schläfst du lieber mit Frauen, die dir "ungefährlich" sind.

Pete: Verrate mir mal, warum Männer ausgerechnet beim Zorn so sehr blockieren?

JJ: Da brauche ich mir nur mal vorzustellen, wie es wäre, in deinem Männerkörper zu stecken, Pete. So groß zu sein! Ist es nicht beängstigend für dich, soviel Kraft in dir zu spüren, wenn du's mit einem viel zarteren Wesen zu tun hast – und du suchst dir ja vorzugsweise sehr zierliche Frauen aus.

Pete: Spielen mit Aggressionen kurbelt beim Sex zwar meine Energie an, befreit mich im Tiefsten aber nicht. Vielleicht artet es zu einem sadistischen Spiel aus, hilft mir aber bei meinen Problemen nicht weiter.
JJ: Merkwürdig, mir fallen plötzlich jene übermenschlichen Männergestalten aus den alten Göttersagen und Mythen ein. Ich halte sie nicht für reine Legende, sondern auch für Vorbilder, wie Männer sein könnten. Sicher steckt in allen Männern eine Ahnung, wie sie sein könnten, wenn sie ihre Kraft nur richtig einsetzen würden.
Pete: ... und so brutal wären. Denn Männer in primitiver Vorzeit unterdrückten ihre Frauen, schlugen und töteten sie sogar.
JJ: Darfst du deshalb heutzutage keine Aggressionen mehr ausleben? So einfach ist es nicht, Pete, denn die Aggression steckt ja schließlich in dir.
Wenn man sein Leben selbstbestimmt führt, darf man nicht hilflos und entsetzt die Hände vors Gesicht schlagen und jammern: "Oh, das kann ich nicht ertragen", was doch im Grunde heißt: "Ich kann mich nicht ertragen!" Nur wenn man sich bestialisch, verantwortungslos austobt, gibt's am Schluß ein Blutbad. Dazu muß es aber nicht kommen, wenn du dich selbst, deine Umgebung und die Gesellschaft, in der du lebst, richtig und sinnvoll organisierst.
Wenn Aggression "einsetzbar" ist, so ist das ein Geschenk. Viele Männer haben den Kontakt dazu völlig verloren, sind innerlich tot und spüren es nicht einmal mehr – und auch sonst kaum noch etwas. Du mußt deine Aggression lieben und nähren, weil sie ein Teil von dir ist, eine Form deiner Lebenskraft, deiner Sexualität. Du mußt lernen, sie einzusetzen, wo sie gebraucht wird. Du kennst ja unsere Vorwürfe, daß du immer alle möglichen Leute auf dir rumtrampeln läßt – das ist ja kaum mit anzusehen. Du hast Aggression verdammt nötig. Wenn du sie richtig einsetzen könntest, kämst du mit dir selbst und anderen im täglichen Leben viel besser zurecht.
A: Nur ganz, ganz selten habe ich mich meinem Zorn richtig

überlassen; ich war eigentlich immer nur der "nette Kerl". Wenn es stimmt, was du sagst, und in mir ein Haufen Scheiße steckt, dann kann ich mir nicht vorstellen, wie das gut und kreativ sein soll, wenn's mal rauskommt.

JJ: Es wird dich lockerer machen, dich aber nicht befreien. Natürlich hilft nur eine Therapie. Und hier helfen dir andere Männer. Nehmen wir mal an, ein Mann ringt sich in einer Gruppe zu dem Entschluß durch: "Okay, ich will diese Blockierung wirklich durchbrechen." Dann braucht er einen Kerl, der mindestens so stark ist, wie er selbst, wenn nicht stärker. Es gibt auch andere Methoden. Man kann z.B. Kissen benützen. Doch besser ist es, wenn man auf einen anderen Körper losgehen kann. Ich meine damit natürlich keine eingeschlagenen Nasen oder Zähne. Es geht dabei nur darum, daß du mit anderen Männern wirklich körperlich daran arbeitest.

Pete: Nach fürchterlichen Auseinandersetzungen mit meinen Freundinnen habe ich mich oft viel sexueller und ihnen mehr verbunden gefühlt. Aber schließlich haben sich die Frauen dann immer von mir abgewandt. Sie waren durch den Streit so mitgenommen, daß sie sich nicht mehr öffnen wollten.

Becky: Das ist deshalb so, weil du dir keine Frauen aussuchst, die's mit dir aufnehmen können, und folglich ist das dann einseitig. Kein Wunder, daß sie sich nicht mehr öffnen. Als ich mit Joe zusammen war, haben wir uns oft schrecklich gestritten, da flogen wirklich die Fetzen. Er war hinterher immer viel offener, und ich auch.

JJ: Das ist ja das klassische Bild einer guten, lebendigen, sexuellen Beziehung, findet ihr nicht auch. Viel Krach und Streit, viel Sexualität und dann auch viel Fröhlichkeit.

A: Viele Männer meinen heute, daß es Zeit ist, den Macho-Trip aufzugeben und mehr auf Gefühle zu setzen ...

JJ: Gut und schön, aber deine Gefühle können gewalttätig, sehr maskulin, sehr Yang sein. Und hier haben wir den springenden Punkt. Du mußt ganz deine Stärke leben, um deine echten Gefühle zu erreichen. Sonst ist es nur ein Bluff und widerwärtig.

Pete: Wieviel Angst haben Männer vor Frauen und welche Rolle spielt dabei die Angst?
JJ: Ich glaube, daß es sich viel eher um Angst vor dem eigenen Zorn handelt oder auch den hochkommenden Bedürfnissen.
Pete: Ich habe vor allem Angst, von einer Frau dominiert zu werden.
JJ: Puh, wie langweilig! Das sagen alle Männer.
Pete: Wenn alle es sagen, dann muß doch etwas dran sein.
JJ: Angst, von einer Frau dominiert zu werden, ist die Angst vor deiner weiblichen Seite, der Yin-Energie in dir, vor allen möglichen Gefühlen, Bedürfnissen und Abhängigkeiten, mit denen du nichts zu tun haben willst.
Pete: Ich hatte immer Angst, wenn eine Frau beim Beischlaf "oben auf" war. Es kam mir so vor, als ob ihre Bewegungen und ihre Energie, ihr auf-mir-liegen bestätigten, was ich am meisten fürchtete. Erst mit meiner jetzigen Freundin begann ich plötzlich Freude daran zu empfinden, daß sie das Tempo bestimmte. Ich lieferte mich ihr total aus und genoß es zum ersten Mal, einer Frau vollkommen die Initiative zu überlassen.
JJ: Das ist ein Erfolg. Es bedeutet, daß du's nicht mehr nötig hast, deine Männlichkeit zu beweisen und folglich auch keine Angst vor Experimenten mehr hast. Ich persönlich gerate immer an das genaue Gegenteil: also an Männer, bei denen die Frau dominieren *soll*, weil sie sich ihrer eigenen Männlichkeit nicht bewußt werden wollen.
Pete: Noch etwas zur Furcht. Du glaubst also nicht daran, daß Männer wirklich Angst vor Frauen haben können, schon weil sie so viel größer und stärker sind. Aber das betrifft nur die physische Angst.
JJ: Aha. Und vor welchen psychischen Eigenschaften sollten die Männer solche Angst haben?
Pete: Nehmen wir mal an, da ist so ein armer kleiner Mann, der als Kind eine große erdrückende Mammi hatte. Und nun lauern in seinem Unterbewußtsein alle Frauen wie große, erdrückende Mammis ...

JJ: Gut, aber inzwischen ist er ein großer, erwachsener Mann. Was täte er dieser Mammi gerne an, da sie jetzt viel kleiner ist als er selbst? Darum geht's doch, oder? Du kannst nicht in längst vergangenen Gefühlen leben. Jetzt ist alles anders. Du wirst körperlich spielend mit ihr fertig. Wenn du's nicht tust und nicht willst, kannst du nicht erwachsen werden.
Pete: Angst kann doch nicht durch körperliche Gewalttätigkeit aufgelöst werden, oder?
JJ: Nein. Du mußt mit dir selbst ins Reine kommen. Du hast deinen Verstand ja nicht umsonst, oder? Natürlich darf er nicht alles dominieren. Du hast ja auch noch deinen Körper. Beide müssen in Harmonie miteinander sein. Falls du blindlings nur mit dem Verstand oder nur mit dem Körper handelst, bist du kein vollständiges Wesen. Du mußt beide in Einklang bringen, mußt einverstanden mit dir selbst sein. All die Konflikte, in die ich seit einiger Zeit geraten bin, stammen daher, daß ich mit mir nicht einverstanden war und an meinem Vorgehen gezweifelt habe. Tue ich das Richtige, wenn ich Fred aufgebe? Ist es wirklich seine Schuld? Glücklich kannst du nur sein, wenn du völlig mit dir einverstanden bist. "Ja, ich mag mich und das, was ich tue. Ich mag, wie ich diese Situation löse." Nichts bringt einen besser in Stimmung, als wenn man gerade eine knifflige Situation brilliant bewältigt hat. Das gilt besonders für Fälle, bei denen auch Aggression eine Rolle spielt, selbst wenn sie nur verbal ist. Jetzt komme ich zu deiner Geschichte über die erdrückenden Mammis, Pete. Falls du von deiner Mutter unterdrückt worden bist und nun allmählich deiner Aggression Ausdruck geben kannst, dann wirst du zuerst mal sicher gräßlich wirken, gar nicht wie du selbst, sondern wie eine Frau. Eine gute Möglichkeit wäre dann für dich, in die Rolle deiner Mutter zu schlüpfen, sie auszuagieren. Dadurch wird es auch für andere Leute lustig und unterhaltsam, während sie sonst vermutlich am liebsten das Zimmer verlassen würden. Dein männliches Ich ist unter alledem, irgendwo ganz tief unten.
A: Wo liegt der Unterschied zwischen dem Zorn, der kalt und destruktiv ist und dem, der etwas Positives bewirken kann?

JJ: Meines Erachtens nach basiert guter Zorn auf Zuneigung. Im Grunde bist du mit dir und auch dem anderen durchaus einverstanden, ärgerst dich nur über das eine oder andere, wirst es dann los, und die Sache ist damit beendet. Falscher Zorn basiert auf lange aufgestauter Verachtung, Geringschätzung, Bitterkeit, Enttäuschung. Genau das empfinde ich im Moment gegenüber Fred.
Pete: Könnte man sagen, daß guter Zorn dem anderen sogar etwas gibt?
JJ: Ganz genau. Fred ist da leider ein perfektes Gegenbeispiel: er fängt an, seinen Zorn auf gute Weise loszuwerden, und ich lehne mich erwartungsvoll lächelnd zurück. Kaum sieht er das, verschließt er sich und macht nicht weiter. Also müßte ich entweder so tun, als mache es mir keinen Spaß, was ich ablehne, oder es passiert immer das gleiche: Fred blockiert, weil er's nicht ertragen kann, daß ich seinen Zorn genieße.
A: Liegt das nicht daran, daß mit dem Zorn doch immer der Wunsch verbunden ist, den anderen zu verletzen?
JJ: Das ist gar nicht immer so, nein! Aber dein Zorn muß wohl so sein, sonst hättest du das nicht gesagt. Meine Vorstellung von Zorn ist ganz anders. Es gibt gewisse Menschen in meinem Leben, denen ich meinen Zorn gar nicht zeigen würde, weil ich sie nämlich hasse. Sie haben irgendwann irgendwas getan, das mir einfach zu weit ging, und ich will nichts mehr mit ihnen zu tun haben. Menschen, bei denen ich wirklich zornig werde und es zeige, sind Menschen, zu denen ich immer noch eine Beziehung haben möchte, bei denen ich Hoffnung habe, mit denen ich mich verbunden fühle.

ABC der Ticks und Tricks

A steht für *"Alberne Spiele"*, und davon handelt auch dieser ganze Teil. Wenn eine Frau endlich so weit ist, daß sie sich nicht mehr verprügeln und herumschubsen läßt, sondern eine gleichberech-

tigte Beziehung haben will, dann werden die meisten Männer das Weite suchen. Wir wissen leider aus Erfahrung, daß ein Mann, den wir verunsichern, weil wir besser, schneller, witziger und hübscher sind als er, sich im Nu in einen schlappen Pantoffelhelden verwandelt. Deshalb muß man sich dann alle möglichen Spielchen ausdenken, um in dem Pantoffelhelden die Chauvi-Eigenschaften wieder zu erwecken, doch möglichst nicht mehr so gemein und brutal. Es soll ja schließlich keiner daran kaputtgehen. Ich möchte gewinnen. Ich sage immer zu meinen Partnern, mit denen ich kämpfe: "Wenn ich gewinne, gewinnen wir beide; wenn du gewinnst, verlieren wir beide."
Natürlich bin ich voreingenommen und habe auch gar nicht den Ehrgeiz, langweilig-liberal, gerecht oder gleichmacherisch zu sein. Ich bin vierzig und bemühe mich schließlich schon lange darum, von Männern die nötige Energie und Stärkung zu bekommen, die ich brauche, um mich als Frau glücklich zu fühlen. Kein Zweifel also, auf welcher Seite ich stehe. Und solange ich nicht einfach sagen kann: Na und? lerne ich mein ABC und habe meinen Spaß dabei. (Snowy James)

B steht für *Bett*, wo letztlich erstaunlich wenig passiert. Als ich mit neunzehn Jahren mein erstes Kind erwartete und meinen Vater schriftlich um seine Zustimmung zur Heirat bat, schrieb er mir: "Gönn' dir lieber ein paar heiße Weekends, Schätzchen. Ehe ist nicht das Gelbe vom Ei. Du wirst keine vierundzwanzig Stunden hintereinander im Bett verbringen und schon gar nicht mit Sex." Das Bett ist schlicht der Platz, wo er einfach Farbe bekennen muß. Die guten Male sind die Belohnung, die uns auch weiterhin mühsam über steinige Pfade klettern lassen; sie sind wie ein Zuhause, wohin wir aufatmend zurückkehren. Als Kind sank ich abends ins Bett und seufzte: "Ach, du mein wunderbares Bett!" Heutzutage gibt's diese Freude nur noch selten, wenn mein Lover zufällig mal im Einklang mit mir kurzfristig den Panzer ablegt und wir zusammen ins ach so wunderbare Bett sinken.

B steht auch für *Belohnung*. Die kriegst du nur, wenn du gekämpft, verloren, fast aufgegeben hast und dann doch wieder genug Leben und Kraft in dir hast, um weiterzumachen. Es ist wie eine Belohnung, wenn er dann doch wieder zu dir zurückkommt, nachdem er dich mit seinen Mätzchen in den Wahnsinn zu treiben versuchte und du es geschafft hast, ihn mit deinen Mätzchen rasend zu machen! In solchen Momenten lohnt es sich nicht, darüber nachzugrübeln, daß der Erfolg sicher nur von kurzer Dauer und seine nächste "Nummer" sicher noch schlimmer sein wird als alles Bisherige. Es gehört nämlich zur Belohnung, sich vorübergehend die Illusion zu leisten, daß er doch nicht ganz so unbelehrbar ist ... (SnJ)

B steht auch für *Besetzen*. Lest, was unsere kanadische Freundin darüber schreibt:
Mein sechsunddreißigjähriger Freund Piers war ein liberaler, feministischer Marxist, seine Hauptinteressen Politik und Kernphysik, nicht gerade meine Lieblinge. Die Beziehung zu ihm – ein achtmonatiger Kampf darum, die Frau seines Herzens zu werden.
Zu Piers kamen ständig Massen von Leuten, die seinen Rat in den verschiedensten Angelegenheiten suchten. Reihenweise erlagen Frauen seinem Charme und seinem selbstbewußten Auftreten. Ich begriff rasch, daß ich mich förmlich zu verabreden hatte, um ihn überhaupt zu Gesicht zu bekommen. Nicht frei von Angst vor Zurückweisung, machte ich mehrere Monate lang gute Miene zum bösen Spiel und teilte Piers' Zeit und Interessen sogar mit seiner Freundin Nummer zwei.
Ich hatte nur einen Wunsch: von Piers so sehr begehrt zu werden, daß er sich ganz für mich entschied. Da ich mit meinen Wünschen ständig Schiffbruch erlitt, tobten in mir die widersprüchlichsten Gefühle, vor allem aber Leidenschaft und Wut, Gefühle von einer solchen Intensität, wie ich sie bis dahin noch nie erlebt hatte.
Doch dann ging der Spaß erst richtig los! "Spiel bei ihm den

Hausbesetzer", rieten meine Freunde. Und so fand Piers, der König der Londoner Hausbesetzer, seine Wohnung von einer Frau besetzt, als er eines Abends nach Hause kam. Ich erklärte ihm und allen, die's hören wollten, daß ich nun die Frau seines Lebens sei, die Herrin des Hauses sozusagen, und daß ich deshalb auch Aufmerksamkeit, Ergebenheit und natürliche Treue verlangte. Wie verabredet tauchte in dieser Nacht natürlich meine Rivalin auf, verschwand aber nach einem kurzen Wortwechsel wieder. "Ich kämpfe nie mit einer Frau um einen Mann", sagte sie. "Wunderbar", antwortete ich. "Das kommt mir gerade recht. Wiederseh'n."

Und so etablierte ich mich als Piers' Missus. Die Chancen standen nicht gerade gut für mich. Zwar unterstützten mich einige seiner Freunde, doch die meisten waren stinksauer auf mich. Mein ärgster Feind aber war Piers. Er wehrte sich wie blöd, "gegen seinen Willen vereinnahmt zu werden", hielt mich auf Distanz und brachte es einfach nicht über sich, seinen Wunsch nach Nähe und Liebe einzugestehen.

Der Kampf dauerte etwa einen Monat, und ich lernte auf die unterschiedlichsten Weisen, mit seiner Zurückweisung umzugehen. Sein Widerstand sah so aus, daß er mir gegenüber in einen Sexstreik trat, auf Parties hemmungslos mit anderen Frauen flirtete, mich bedrohte und Wutanfälle bekam. Und so machte er immer weiter, um ja nicht erobert zu werden. Ich besetzte sein Bett, seinen Schreibtisch, lachte, schrie, tobte, war manchmal ekelhaft zu ihm, dann wieder die liebende Freundin. Ich genoß jede einzelne Minute, bis ich ihn schließlich endgültig verließ, um zu neuen Ufern aufzubrechen.

C steht für *Commune*, und das heißt Gemeinschaft, Wohlergehen, gemeinsame Erfahrungen und Klarheit. Für mich ist das außerdem die Lebensform, die einem noch am ehesten ein bißchen Sicherheit in sexuellen Beziehungen bietet.

Meines Erachtens sollte jede Frau sich etwas Ähnliches wie eine Kommune suchen – es können auch Freunde, Nachbarn, Verwandte oder irgendwelche Frauengruppen sein. Gedankenaustausch mit anderen Frauen erspart einem zwar nicht weitere Kämpfe, verhilft einem aber wenigstens zu einer gewissen Klarheit und Ermutigung.

C steht natürlich auch für *Cleft*, *Chasm*, *Chaos* und Clitoris (... für Schlitz, Spalte, Chaos und Klitoris)

Die Bambara in Mali glaubten, daß der Mann von einem giftigen Sekret der Klitoris getötet werden kann, wenn er in eine unbeschnittene Frau eindringt und sein Penis mit der Klitoris in Berührung kommt. Man kann daraus schließen, daß die Klitoris als Rivale des männlichen Sexualorgans gesehen und damit für die Männer untolerierbar wird. Viele Mythen reflektieren die böse Macht der Klitoris und beschwören die Notwendigkeit, sie zu zerstören, um die Fruchtbarkeit zu sichern.

Aus *Women of Omdurman* von Anne Cloudsley

D steht für *Dreier*. Wir haben bei fast allen Männern eine merkwürdige Eigenart festgestellt: sie haben gern noch einen anderen Mann im Bett, der ihnen hilft, ganz sie selbst zu sein. Wenn ihr Männer das lest, werdet ihr das kaum glauben wollen, doch es ist so.
Ein Dreier im Bett. Natürlich nicht mit zwei Frauen und einem Mann – das wäre eine biologische Absurdität. Doch mit zwei Männern und einer Frau klappt es tatsächlich sehr gut. Es könnten übrigens auch drei oder mehr Männer sein, aber selbst das größte Bett hat seine natürlichen Grenzen.
Aus irgendeinem unerfindlichen Grund fühlen sich Männer sicherer, freier, glücklicher, weniger gehemmt und sexuell aggressiver, wenn sie sich im Bett eine Frau teilen. Vielleicht wirkt ein "Nebenbuhler" stimulierend, weckt archaische Instinkte. Ich weiß jedenfalls, daß Männer, die allein gleichgültig oder lustlos sind, häufig zu "neuem Leben erwachen", wenn ein anderer Männerköper mit im Spiel ist. Für die Frau kann ein solches Erlebnis

herrlich sein, denn es gibt mehr Spaß, mehr Lust, mehr Erfüllung und viel weniger Frust an Leib und Seele.
Natürlich kann es gelegentlich auch vorkommen, daß beide Männer gleichzeitig Spielverderber sind. Dann bleibt ihr immer noch die Möglichkeit, den einen gegen den anderen aufzustacheln, und die natürliche Rivalität wird neue Kräfte mobilisieren. Ehe die ganze Stimmung zu aggressiv wird, führt die ebenso natürliche Kameraderie zwischen Männern vermutlich dazu, einander doch beizustehen, statt sich ernsthaft zu bekämpfen.
In puncto Schlaf ist es natürlich ein schlechtes Arrangement, von dem man sich dann auch wieder erholen muß. Was den Sex betrifft, ist es fast immer mindestens so gut wie ein Kinobesuch. Und was die Unterhaltung betrifft, da gibt's kaum etwas Besseres (wenigstens nicht die ganze Nacht mit dem Muffel allein). Wir haben mit Hilfe dieses Arrangements neuen Schwung in die kaputtesten Beziehungen gebracht.

D steht für *Depression*. Sie entsteht, wenn zuviel Energie entzogen wird, oder du sie selbst unterdrückst. Die Lösung für das letztere ist einfach: deinen Gefühlen und deiner Energie freien Raum zu lassen! Nach der Lösung für ersteres bin ich immer noch auf der Suche.
Falls er der Brennpukt für energetische Entladungen und Lebenslust ist, er sich aber entzieht, bleibt stumpfer Groll zurück, ohne ein Ventil. Da gibt es keine rasche Heilung, schon gar nicht, wenn man sich – wie ich – auf einer gottverlassenen irischen Insel vergraben hat.
Bei Depressionen ist es für mich am wichtigsten, mich ganz auf meine Alltäglichkeiten zu konzentrieren: auf's Feuer machen oder Knöpfe annähen. Wenn ich meine Gedanken auch nur einen Moment lang in die trostlose Zukunft wandern lasse, bin ich verloren. In solchen Zeiten muß ich mich an die Gewißheit klammern, daß ich sowas schon mal durchgemacht habe, daß es wieder aufhören wird und ich auch wieder lachen werde, obwohl jetzt alles dagegen zu sprechen scheint.

Ich kenne nur einen positiven Aspekt von Depressionen: wenn man zu solch schwarzen Gefühlstiefen fähig ist, muß man doch ein sehr lebendiger Mensch sein, der in positiven Phasen ebenso stark Freude und Erregung empfinden kann. Ich kenne Leute, die scheinbar unberührt Zustände überstehen, die mich in tiefste Depression stürzen würden. Wenn ich selbst fast am Ende bin, beneide ich sie. Doch dann stelle ich fest, daß dieselben Leute auch wieder unberührt aus Ereignissen hervorgehen, die mich vor lauter Begeisterung schier ausflippen lassen. Tja, ich weiß, was mir letztlich lieber ist.

E steht für *emotional.* Der Mythos, daß Frauen die Emotionalen und Männer dagegen die Rationalen seien, ist ein Witz! Schön wäre es, wenn's wahr wäre! Dann könnten wir weinen, während die Männer arbeiten.
Wir mußten jedoch verwundert, dann wütend und schließlich resigniert feststellen, daß Männer regelmäßig Jobs versauen, zweifelhafte Urteile fällen, Boote absaufen lassen, Kinder vernachlässigen, mit dem Hammer danebenschlagen und von Leitern fallen, ganz zu schweigen davon, was für Nieten sie in sexueller Hinsicht sind. Nach Jahren mürrischer Defensive sind unsere Atlantis-Männer in ihren seltenen rationalen Momenten widerwillig bereit zu akzeptieren, daß wir Frauen besser organisieren, besser denken, besser planen und über bessere Ideen verfügen – vielleicht eine Folge unserer größeren Bereitschaft, unsere guten und bösen Gefühle täglich auszuleben. Und trotzdem haben wir nur ein Matriarchat, wenn's um Inspiration geht, und immer und ewig Patriarchat, wenn's auf physische Stärke und Ausdauer ankommt. Wir machen uns da nichts vor.

E steht auch für *Ego.* Ein Wort, das ich nicht recht verstehe, aber ich weiß immerhin, daß Männer ein gewaltiges Ego haben. Es ist ihnen sehr im Wege, wenn es um das Verschmelzen, um das Eins-Sein geht, d.h. um guten Sex. Egos geben Identität und setzen Grenzen, was dazu führt, daß man zwar "sicher", andererseits jedoch dumm wird. (SnJ)

F steht für ein Wort mit sechs Buchstaben, das wir alle mit Sex assoziieren. Doch F steht auch noch für ein anderes Wort, das dabei wichtiger ist – nämlich *Fließen*. Das Fließen, Strömen oder die Unfähigkeit dazu ist es eigentlich, womit meine sexuellen Beziehungen, und auch dieses Buch, hauptsächlich zu tun haben.
Mein Freund Ned z.B., hat manchmal den Bogen wirklich raus. Den ganzen Tag über herrscht gute Stimmung. Wir necken uns, quatschen uns auch mal blöd an, arbeiten voller Energie in Haus und Garten, und wenn's dann Zeit ist, ins Bett zu steigen – Wärme, Lachen, Nähe und plötzlich landet "aus Versehen" sein Ellbogen in meinem Auge... Falls Ned gerade in einem fließenden Gefühlszustand ist, wird er etwas sagen wie: "Habe ich dich gestoßen? Reine Absicht, du freches Stück!" Und so weiter. Kichern, Lachen, gutartige Aggression und natürlich Sex.
In einem nicht-fließenden Zustand wird er jedoch sagen: "Oh, tut mir leid, entschuldige ... habe ich dir weh getan?" und sich dann an den äußersten Bettrand zurückziehen und zu beweisen versuchen, wie sehr er mich liebt und wie wenig er mir weh tun wollte. Resultat: Spannung! Verlegenheit. Unfähigkeit, einander zu berühren. Sperre. Erstarrung. Höflichkeit. Hilfe!
Eine Frau muß schlau genug sein, sich nicht im Kopf zu verschanzen (wo er schon ist) oder ihn aus dem Bett werfen, wenn sie ihre Ruhe haben will.
An Tricks zur Wiederbelebung fließender Gefühle fallen mir ein:
1. So tun, als mache man bei dem falschen Spiel mit: "O Liebling, ich weiß ja, wie leid's dir tut, daß du mich gestoßen hast. Ich weiß, wie sehr du mich liebst. Und ich weiß auch, daß du nichts tun würdest, um mich zu verletzen ..." All das in exaltiertem Ton. Falls er nicht schon zu sehr blockt und sie Glück hat, wird er ihr Gequassel bald satt haben und zugeben, daß er sie am liebsten in den Boden stampfen würde, und schon sind die beiden wieder die besten Freunde. Wenn's schlimm um ihn steht, dann wird er versuchen, sie mit eisigem Schweigen mundtot zu machen ...
2. Improvisierte Lieder singen, die sich über das ganze lustig machen!

3. Das "verletzte" Bein schienen!
Früher oder später blockt jeder Liebhaber. Wenn man als Frau nicht total unglücklich werden will, muß man ihm klarzumachen versuchen, daß er seinen Zorn auf kreative Weise loswerden kann. Ein wunderbares Beispiel war mein früherer Liebhaber Bill, der mal übers Mikrophon ein an mich gerichtetes Lied sang, das nur aus einem Wort bestand: "Töten!" Während er sang, schaute er mich mit solcher Leidenschaft an, und ich fühlte mich so geliebt und feminin. Das ist der richtige Sex! (SnJ)

G steht für *Genitalien*. Alle Männer haben einen Widerwillen gegen weibliche Genitalien. "Pussy-Paranoia", wie ich's nenne, ist im Grunde nichts als Zorn. Zorn darüber, Energie an die Frau zu verschwenden. Zorn, weil er erst einmal herausfinden muß, wie sie tickt, was ihr Lust bereitet, was sie empfänglich für ihn stimmt. Wenn er es überhaupt tut, dann vergißt er im Nu wieder alles und macht es so falsch wie eh und je.
Ich mag keinen Sex ohne Orgasmus. Ich habe mir viel Mühe damit gegeben und gehofft, das Problem würde verschwinden.
Es blieb. Also wurde ich tapfer und sprach mit anderen Frauen. Mit sehr vielen. Ich stellte fest, daß Frauen nicht wie Männer sind, aber auch nicht so, wie Männer sie sehen.
Frauen lieben Energie beim Sex und wollen angefaßt werden. Männer wollen ficken und zum Höhepunkt kommen.
Wenn ein Mann das hinter sich hat, ein Weilchen vor sich hin döst, dann aufwacht und das ausdruckslose Gesicht der Frau neben sich sieht, fühlt er sich aber gar nicht mehr so toll.
Es ist schon so, wie ich am Anfang sagte. Wenn die Frau gewinnt, gewinnen beide. Gewinnt der Mann, verlieren beide.
Also wurde ich noch tapferer und ließ die Jungens nicht mehr den gleichen öden, unbefriedigenden Kreislauf immer aufs Neue anfangen. Ich sagte "Halt!" und erklärte ihnen, was ich wollte.
Meine wichtigste Vorbedingung – natürlich halte ich sie auch nicht immer durch – besteht darin, daß ich keinen Geschlechtsverkehr will, bevor ich nicht einen Orgasmus hatte. Auf diese Wei-

se habe ich schon meine sexuelle Befriedigung, bevor er zum Höhepunkt kommt.
Meine Energie wird nach dem Orgasmus nicht geringer. Ich bin noch immer interessiert, schlafe gern mit ihm und bekomme einen noch intensiveren Orgasmus, wenn er zum Höhepunkt gelangt. Auf diese Weise klappt es für uns beide sehr gut.
Ich redete mit den Männern über diese Dinge.
Die etwas älteren versuchten mir einzureden, daß mit mir etwas nicht stimme, denn alle anderen Frauen, mit denen sie schliefen, hätten selbstverständlich ihren Orgasmus während des Geschlechtsverkehrs. "Schön" sage ich also, "ich aber nicht".
Jüngere Männer scheinen eher geneigt zu sein, etwas zu lernen, auszuprobieren und sich sogar etwas beibringen zu lassen. Mit ihnen bin ich nicht so streng, was meine "Grundbedingung" betrifft, sondern lasse sie sogar raschen "männlichen" Sex mit mir haben. Ich bin dann nicht frustriert, weil ich weiß, worauf ich mich eingelassen habe, ohne große Erwartungen. (SnJ)

G steht für *Gewalttätigkeit*. Damit mußt du leider gelegentlich rechnen, wenn du gewonnen und ihm seine miesen Tricks heimgezahlt hast. Ob er nun ein sogenannter Liberaler oder ein verklemmter Märtyrer oder ein großmäuliger Tyrann ist, wird er möglicherweise mit physischer Gewalt reagieren, wenn du ihm noch den letzten Rest seiner Tünche abgekratzt hast und nichts als die nackte Wahrheit übrig bleibt. Die nackte Wahrheit hinter jedem Verteidigungssystem, jedem Verwirrspiel, jedem taktischen Schweigen ist natürlich immer brutale Gewalt – ob nun auf der politischen Bühne oder im Bett.
Ich schreibe dies mit zwei gebrochenen Rippen und einer Kopfwunde. Da ich es satt hatte, mir ständig seinen Mist anzuhören, hatte ich ihn geschlagen, gebissen und beleidigt. Mit meinen Schlägen konnte ich seinem starken Körper nichts anhaben, doch meine Worte drohten ihn in eine gefährliche Nähe zu seinem Selbst zu bringen. Dieser Durchschnittsmann wagte sogar einen Mordversuch, um bloß nicht die Wahrheit über sich selbst spüren

zu müssen. Er schlug mich zu Boden, bearbeitete mich mit Fäusten und versetzte mir zuguterletzt einen Tritt, der mir die Rippen brach. Dann ging er auf einen Freund los, den ich zu Hilfe gerufen hatte. Physische Gewalt, so übel sie auch ist, hat aber doch einen Vorteil: sie ist vollkommen real, folglich auch nicht verwirrend und deshalb (falls das ganze schnell vorbei ist und keine bleibenden Wunden hinterläßt) letzten Endes gesünder als die weitaus subtilere psychische Gewalt. Versteht mich bitte richtig! Ich bin nicht dafür, daß Männer Frauenkörper benutzen sollen, um ihre kindliche Wut austoben zu können. Wenn ich jedoch die Alternative habe, entweder zu schweigen und innerlich zu verkümmern oder aber Prügel zu beziehen, weil ich laut und deutlich meine Meinung sage, dann wähle ich immer das zweite. Kann sein, daß ich vorübergehend auf dem Boden lande – in meiner jetzigen Situation muß ich mit wochenlanger körperlicher Untauglichkeit fertig werden – doch die Tage nach "der Schlacht" haben auch ihre lohnenden Momente, wo man sich siegreich und klüger als zuvor fühlt.
Wichtig ist, die eigene Gewalttätigkeit einsatzbereit zu haben. Heute morgen – drei Tage nach dem "Mordversuch" – besaß er auch noch die Frechheit, sich aufzuspielen: "Ich bin froh, daß ich's getan habe! Es tut mir auch gar nicht leid. Mir doch egal, wie's dir geht. Ich wünschte, ich hätte dich kalt gemacht!" und ähnliche entzückende Sprüche. Unvorsichtigerweise verließ er sich darauf, daß ich mich mit meinen gebrochenen Rippen nur langsam und mühsam bewegen konnte. Doch O für Opfer existiert nicht in meinem Vokabular! Ganz zufällig hatte ich gerade zwei Tassen in der Hand – und die knallte ich ihm auf den Kopf. Mit meinem gesunden Arm versetzte ich ihm einen Schlag auf die Nase, riß ihn dann an den Haaren und gab ihm ein paar Tritte, so gut ich's eben konnte.
All das tat meinem Körper nicht gerade wohl – ich war sehr schwach und mußte nach Luft ringen – doch in psychischer Hinsicht tat's mir verdammt wohl, das kann ich euch sagen. Mir liegt die pathetische Rolle einer geschundenen Frau nämlich gar nicht, und es war prima, wieder in der Offensive zu sein.

Ja, Gewalttätigkeit ist sehr wichtig. Keine besonders charmante oder ästhetische Art der Kommunikation, aber ich habe noch keine Beziehung erlebt, wo nicht ein gewisses Maß an Gewalttätigkeit dazu gehörte, verdeckt oder offen. Ich persönlich bevorzuge die offene. Damit kommen wir zum H.

H steht für *Hass*. Vor einer Weile kam ich auf die Idee, mich nicht mehr um Liebesbeziehungen zu bemühen, sondern besser nach Haßbeziehungen Ausschau zu halten. Wenn zwei sich nämlich heiß und nachdrücklich hassen, dann sind Liebe und Sex auch nicht fern. Das sind fließende Gefühle anstatt unguter Verspannungen, die in vielen Liebesbeziehungen Angst vor einer Krise signalisieren.
Ist Liebe im Spiel, kannst du alles verlieren. Geht's um Haß, verlierst du höchstens die Geduld.
Wenn ich "Nein!" brülle, und er brüllt "Ja!" dann ist das Sex.
In der Liebe sagen wir beide "Ja" und verkneifen uns alle "Neins", bis alles tot ist. Ich möchte aber zum H für Haß noch heiß hinzufügen, da einem kalter Haß nichts bringt, höchstens Krebs und damit ein frühes Grab. (SnJ)

H steht außerdem für *homosexuell*, eine Sache, die aus unerfindlichen Gründen gay (lustig) genannt wird – ein trauriger Irrtum.
Snowy schreibt: Ich schlafe zur Zeit mit Pav, einem Homosexuellen, der's satt hat, fremde Männer in Parks und Toiletten zu treffen und zu uns kam, um etwas dagegen zu tun. Pav ist ein attraktiver, sinnlicher, männlicher Mann mit blitzenden Augen. Ich mag ihn sehr gern und hauste eine Zeit lang mit ihm zusammen, ehe wir miteinander schliefen.
Zuerst kuschelten wir nur, redeten viel, und ich empfand ihn als sehr angenehm, offen und warm. Er erzählte mir, daß er als Einzelkind ohne Vater (er starb als Pav fünf war) aufwuchs und bis zur Pubertät im Bett seiner Mutter schlief. Die ersten drei Erlebnisse mit Frauen waren so katastrophal, daß er sich in den nächsten sieben Jahren nur noch mit Männern abgab.

Wir verbringen also zehn Nächte mit Gesprächen, mit Kuscheln, mit viel Gelächter und lernen uns allmählich kennen. Ich bin ihm gegenüber ganz offen, habe keinerlei Vorbehalte. In der elften Nacht kommt es zwischen uns zum Sex, d.h. er schläft mit mir. Nicht lange. Er kommt auch nicht zum Höhepunkt. Aber immerhin ein Durchbruch. Ich bin sehr zufrieden.
Am nächsten Tag kommen dann Bemerkungen wie: "Ich vermisse meine Freunde in London" oder "Ich bin nur hier, um etwas von dir zu lernen, dann gehe ich wieder zurück" oder "Es wäre doch toll, wenn der Knabe aus der und der Hütte heute Nacht mit uns beiden schliefe". Er läßt sich mehr Zeit als sonst, um ins Bett zu gehen. Mir fängt er langsam an, auf die Leber zu schlagen. Ich sage etwas wie "Okay, das war's dann wohl. Zieh Leine! Die nächste Runde kostet dich eine Million Pfund." Prompt ist der Schmerz weg. Ich hatte den Nagel auf den Kopf getroffen. Pav sieht gequält und bleich aus. Ich spiele auf meiner Gitarre.
Nachts im Bett fühle ich mich behaglich, warm, freundschaftlich. Er sagt: "Ich fühle mich mies. Ich mag nicht." "Auch gut, dann schlafe ich eben gleich."
Am nächsten Morgen bleibt er liegen, während ich aufstehe, aufräume und meine Verteidigung vorbereite.

H steht auch noch für *Hymen* und *hysterisch*

Alex sagt, ich sei hysterisch.
David sagt, ich sei hysterisch.
Diese Männer,
immer cool, zu und zornig,
meinen zu wissen, wie weit ich bin.
Jedenfalls habe ich sie hinter mir zurückgelassen.
Ich habe weit zu gehen,
denn Hysterie ist ein Weg,
keine Endstation. (SnJ)

I steht für *Illusion*. Illusionen sind doch etwas Wunderschönes –

wie Schmetterlinge oder Regenbögen und genauso zuverlässig. Falls du mit deinen holden Illusionen glücklich bist, dann klammere dich ruhig an sie und laß dich von mir nicht entmutigen – ich bin nur neidisch. Schließlich habe ich erst neulich meine letzte verloren. Ohne sie lebt es sich recht kalt und elend.

Vor allem sind Illusionen über Sex für Frauen wichtig. So z.B. die Illusion, daß eines Tages alles gut wird und er über seine Hänger hinwegkommt. Du mußt ihm nur helfen. Und dann wird endlich Zeit und Raum sein für dich und deine Wünsche. Genau mit dieser Illusion habe ich fast mein ganzes Leben verbracht. Nun beklage ich ihren Verlust.

Dann gibt's natürlich noch jene wohlbekannte Illusion, Liebe genannt. Es muß doch noch etwas anderes geben als diese schwitzige Derbheit des Sex, ein Etwas, das irgendwie wichtiger ist und über alle diese Schwierigkeiten hinwegträgt. Tja, ich muß zugeben, daß ich den Verlust dieser Illusion nie bereut habe.

Auch wissen wir alle, welche starke Faszination von der Vorstellung der Monogamie ausgeht. Nichts als Illusion! Und dann diese Einbildung, er sei eigentlich ein ganz reizender Mensch, habe nur eben gerade eine schwierige Phase etc. O Gott, wir sollten all diese Illusionen vergessen und uns mit etwas Handfesterem beschäftigen ...

I steht für *Irritieren* und für *Irreversible Charakterschwächen*.

Liebe Jenny,

Du fragst mich, wie man mit irreversiblen Charakterschwächen bei Männern umgehen soll. Das paßt wunderbar, da ich nämlich bei meinem jetzigen Freund tatsächlich eine solche Schwäche entdeckt habe.

Es handelt sich dabei um ein weit verbreitetes Problem: er kann und will weder sich selbst noch mir eingestehen, daß er stärker ist als ich. Diese Charakterschwäche zeigt sich auf folgende Weise: ich nörgle und schimpfe den ganzen Tag über verschiedene Dinge, die mich irritieren, und er tut so, als werde er nicht mit mir fertig, als seien meine Worte welterschütternd, bedeuteten das Ende von allem und ließen sein kostbares Ego einschrumpfen. Statt zu sagen: “Halt’s Maul, du dummes Stück”, und dabei zu lachen, wird er in seinem Benehmen mir gegenüber vorsichtig, zögernd, verspannt und gehemmt. Das macht mich ganz kribbelig und mein Gemosere nur noch schlimmer, worauf er nicht etwa seine Energie zusammennimmt, um mir eins überzubraten, nein, er nickt, stimmt mir zu. Jetzt fehlt nur noch, daß er mit dem Kopf gegen die niedrigen Balken rennt, sich mit dem Hammer auf die Finger haut und stolpert. Dann habe ich die Nase wahrscheinlich endgültig voll und schreie los. Er kocht vor Wut – zu sehen an seinen flammenden Nüstern und dem zusammengepreßten Mund, so scharf wie eine Rasierklinge – und dann folgende Unterhaltung:

Er: Scheiße! Warum verpißt du dich nicht.

Ich: Wohin denn, Liebling? (vielsagender Blick über die Bordwand)

Er: Verdammte Scheiße! O Jesus!

Ich: Glaubst du, er hilft?

Er: Scheiße! Kannst du nie dein Scheißmaul halten?

Ich: Nein.

Er: Am liebsten würde ich dir dein Scheißmaul stopfen, du Scheißweib.

Ich: Wie?

Er: Ooooh! Ich ... ach Scheiße ... Jesus! Scheißweiber ... oh!

Ich: Was willst du damit sagen, Liebling?

Und so weiter und so weiter.

Etwas später erkundige ich mich bei ihm, ob er eine Tasse Tee möchte, und seine Antwort lautet immer “ja”. Während ich Sahne hinzufüge, erkundige ich mich: “Warum ziehst du nicht wieder zu deiner letzten Freundin, wenn’s mit mir so gräßlich ist?” Darauf erwidert er: “Scheiße, ich mag dich eben.” Wir trinken zusammen Tee und fühlen uns ein paar Stunden wohler in unserer Haut.

Vielleicht denkst du jetzt, daß an dieser Art von Beziehung kaum etwas auszusetzen sei, und tatsächlich gibt’s nicht viel zu bemeckern, wenn der Tee getrunken ist. Doch bevor ich laut zu schreien begann, sah ich bei ihm nur noch seine irreversible Charakterschwäche (I.C.S.) und dachte: Warum macht er aus mir ein Monstrum? Warum kann ich nicht so sein, wie ich bin? Warum kann ich nicht jammern, nörgeln, schimpfen, ohne aus ihm gleich einen verletzten kleinen Jungen zu machen? Wie schön, wenn er mit seiner Mutter besser fertig geworden wäre und sich innerlich nicht so klein und paranoid fühlte – so empfänglich für meine Kritik! Wie schön wär's, wenn er mich anschnauzen würde, mich zum Lachen brächte etc. Dann könnte ich mich besser fühlen, aber auch mal schwächer als er.

Es irritiert und ärgert mich zu sehen, wie er seine I.C.S. hegt und pflegt. Die beste Form mich zu revanchieren ist, mich gehen zu lassen, indem ich z.B. laut losschreie oder sonst etwas unternehme, was mir hilft. Ja ich weiß, die Methode ist nicht gerade elegant und verstärkt die I.C.S. meines Partners nur noch. Das mag unlogisch klingen und vielleicht sogar unlogisch sein, aber ich versichere, es klappt. Er, der sich schon fast darüber freut, meiner Lebensfreude und Energie endgültig den Garaus gemacht zu haben, muß nun plötzlich feststellen, daß seine I.C.S. wirkungslos ist, während ich sage: "Alles okay, Darling, behalt sie ruhig, sonst bleibt dir ja gar nichts mehr." Das könnte ihn vielleicht sogar dazu bringen, die I.C.S. über Bord zu werfen. Das darf jedoch nie Absicht sein. Falls der I.C.S. Besitzer auch nur flüchtig argwöhnt, daß du ihn ändern willst, wird er sich an seine I.C.S. klammern, wie ein Schiffbrüchiger an einen Rettungsring.

Tja, Schwesterchen, mehr kann ich dir zu diesem Thema momentan nicht bieten. Hoffentlich werde ich mich eines Tages zu einem solch harmonischen Menschen entwickeln, daß ich's nicht mehr nötig habe, zu derartigen Tricks zu greifen. Ich geb dir Bescheid, falls ich jemals soweit komme. Love, Snowy

I steht auch für *Injurien*, was jede Frau weiß, die je den Mund aufgemacht hat und für ihre Rechte eingetreten ist.

I steht außerdem auch für *Ignoranz*: *"... selbstverständlich können die Turu-Frauen, deren Klitoris beschnitten ist, einen Orgasmus haben ..."*

(Harold K. Schneider, *Romantische Liebe bei den Turu.* In: Donald S.Marshall & Robert C.Suggs (Hrsg.), *Human Sexual Behavior*, 1971.)

J steht für *Jim*, und bei Jim handelt es sich um den Mann, mit dem diese Possenspiele ihren Anfang nahmen. Er ist so unglaublich stur und verstockt. Jim ist ein sehr sexueller junger Mann vom Typ "Ich krieg jede Frau, die ich will, und brauche folglich keinen Finger zu rühren". Er ist sehr emotional, ein Skorpion, den seine unterdrückten Leidenschaften schier platzen lassen, ein dampfender Komposthaufen der Gefühle – kurz und gut, absolut ideal, um an ihm unsere neuen Tricks auszuprobieren.
Ich kam mit Jim einfach nicht vom Flecke und ging langsam an dem Versuch zugrunde, mit diesem nur scheinbar sanften, in Wirklichkeit aber steinharten, mit allen Wassern gewaschenen Kerl eine Beziehung aufzubauen. Ich wurde immer dünner und blasser.
Meine Schwester versuchte mir zu helfen. Sie gab mir einen seltsamen Rat. Ich sollte mir meine wilden langen Haare abschneiden. Ich habe nie viel von meinem Gesicht gehalten und mochte den umhüllenden Schutz meiner Haare. Doch ich vertraute Snowy und begann zu schneiden, weiter und immer weiter, bis ich ganz kurz geschoren war. Ich fühlte mich nackt, ungeschützt und schön. Ich kleidete mich in ein dünnes indisches Gewand und wurde zur Priesterin. Diese priesterliche Phase der Stille und Zurückgezogenheit, der Enthaltung und Abgeschiedenheit, befreite mich von irgendwelchen Hoffnungen und meinem erbitterten Streben. Ich ging behutsamer mit mir um. Ich litt schrecklich. Ich nahm, was er mir gab. Gab er mir nichts, rannte ich mich nicht mehr zu Tode, sondern lernte allmählich die Kunst des sanften Spiels.
Meine Freundin Christine war mir dabei eine große Hilfe. Ich unternahm damals gerade den zaghaften Versuch, mir selbst das Klavierspielen beizubringen. Musik war mir nie leicht gefallen, und es kam mir schon wie ein riesen Erfolg vor, wenn ich irgend-

welche einfachen Melodien spielen konnte. Dann zeigte sich bei Christine die erstaunliche Begabung, aus dem Stegreif zu reimen und zu singen. Sie brauchte bloß den Mund aufzumachen, und schon sang sie im Stil einer sehr theatralischen Operndiva die komischsten und treffendsten Lieder auf Jim (und seine explosiv geladenen Schweigemarathons).
Erstaunlicherweise hatten diese Hexenlieder große Wirkung. Jim entzog sich, indem er sich draußen in einem Caravan einnistete. Seine Ausstrahlung störte nicht nur die Schmetterlinge, sondern auch meinen Seelenfrieden ganz empfindlich. Ein Grund für unseren nächsten Streich.
Wir hatten Jim wegen seiner Statur, seiner Manieren und gespielten Naivität auf den Namen Puh der Bär getauft. Also nahm ich einige Bärenlieder auf Kassette auf. Mit Hilfe eines langen Kabels installierten wir einen Lautsprecher direkt unter dem Caravan. Dann drehten wir den Recorder auf volle Lautstärke. Die ganze Kommune mußte sich dann stundenlang Bärenlieder anhören, während wir uns im Haus versteckten und fast verrückt wurden vor Lachen.
Christines Reimkünste wirkten ansteckend. Plötzlich fing ich auch damit an und konnte gar nicht mehr aufhören. Dabei hätte ich mir das nie zugetraut. Da sieht man mal, welch großen therapeutischen Nutzen solche Albernheiten haben können. Das Reimen machte mich high, trunken, hysterisch vor lachen. Unser Haus glich dem Schlafsaal eines Mädchenpensionats – ständiges Gekichere und Gelache. Sex hatte darin keinen Platz. Ich schlief selig allein, wachte früh auf – wollte jeden Tag nach Dublin fahren, um Jim mit meiner Rache heimzusuchen, aber mich hatte das Reimfieber gepackt. Ich verfaßte ein zehn Seiten langes Gedicht über Jim und was ich ihm alles antun würde... und blieb zu Hause.

K steht für *Kreise* im Karussel sexueller Beziehungen. Ich versuche mich immer damit zu trösten, daß die Bewegung über die Jahre hinweg in Spiralen verläuft und nicht etwa in Kreisen. Jedesmal, wenn ich wieder an ein vertrautes Hindernis gerate, sehe ich es dann also von einer etwas höheren Position aus. Doch beim quälend langsamen Reifeprozeß kommt's mir nun eben doch oft wie ein ewiger Kreislauf vor. (SnJ)

K steht aber auch für *Kreativität*. Außerdem steht K für Kuh, was wir Frauen so oft zu hören bekommen, wenn wir aus der Reihe tanzen. Ich habe den Überblick über die vielen, vielen Male verloren, wo ich "dumme Kuh" genannt wurde. Meine Freundin Christine hat's ihrem davongelaufenen Liebhaber folgendermaßen heimgezahlt:

Liebster Cowboy,
seit du fort bist, geht's mir schlecht. Weit und breit gibt's keinen Zitzenzieher deiner Qualität. Ich sehne mich nach deiner Hand auf meinem Hinterteil.
Vor ein paar Tagen traf ich einen tollen schwarzen Bullen, doch bei näherer Betrachtung mußte ich leider feststellen, daß ihm die Eier abgeschnitten waren. Und so mußte ich von neuem Erinnerungen an dich wiederkäuen. Wie hat doch dein straffer Gang meinen Euter erschauern lassen, als ob ich an einen Elektrozaun gestoßen sei. Ganz ehrlich, ich habe nicht das geringste gegen Anthropodomie, wenn es sich um solch tolle Anthropoiden handelt wie dich ...
Auf immer und ewig
Deine blöde Kuh

K steht auch für *Kern* – Kernfamilien sind letztlich ebenso tödlich wie Kernkraft und Kernwaffen, ja, sind der Nährboden, auf dem jene gedeihen.
Eine Kernfamilie ist ein hermetisch abgeriegelter, kleiner faschistischer Staat, in dem alle möglichen Greueltaten täglich kommentarlos geschehen können. Unter dem Vorwand, sexuelle Befriedigung zu gewährleisten, gewährleistet die Kernfamilie nur eines, nämlich den Sex abzutöten. Sex ist auf frei fließende Gefühle

angewiesen, während die Kernfamilie darauf angewiesen ist, Gefühle zu verdammen.
Je weniger isoliert eine Familie ist, je mehr Nachbarn, Verwandte, Freunde oder Kinder anderer Leute zur Tür reingelassen werden, desto gesünder und sexueller wird die Familie vermutlich sein. Unsere Kommune ist so aufgebaut, daß die Bewohner in "Kerneinheiten" leben können, denn wir haben fünf Häuser und ein großes Boot. Wir stellen jedoch immer wieder fest, wie hoch explosiv schon nach wenigen Tagen jede Kerngemeinschaft wird. Rein physische Stärke regiert, solange der Betreffende nicht sehr weit entwickelt ist, und das ist keiner unserer Männer. Wir sorgen dafür, daß möglichst viele Leute ins Haus kommen, Bewegung reinbringen und als aktive Beobachter eingreifen, bevor alles zusammenbricht. Deshalb kann man bei uns in den einzelnen Häusern selten die gleichen Leute antreffen – es findet ein ständiger Wechsel statt. Das System funktioniert: Vitalität, Spaß, Erfahrungen, Veränderung, vielfältig geknüpfte Beziehungen und umfassende Kenntnis jedes Beteiligten über die schlimmsten Charaktereigenschaften, sexuelle Absonderlichkeiten, aber auch Talente der anderen. Unbeständigkeit = Sicherheit.

K steht auch für *Kaplan*, eine Sexualtherapeutin und Schriftstellerin, über die sich Snowy geärgert hat:
Ich las heute in Helen Singer Kaplans Buch "The New Sex Therapie". Sie gibt Hinweise, wie Männer ihren "frigiden" Frauen helfen können, mehr Freude am Sex zu finden. Feinsäuberliche Zeichnungen und klare Anleitungen.
Dabei ist das doch gar nicht das Problem! Man muß Frauen nicht beibringen, wie man Lust empfindet. Problematisch ist doch was ganz anderes. Männer wollen nicht, daß Frauen körperliche Lust empfinden, sondern sind beunruhigt und eifersüchtig, weil sie bei Frauen ein viel größeres Lustpotential spüren.
Mein guter alter Freund Ken erzählte mir, wie unglücklich er sei, weil seine Freundin ihn verlassen habe. Wir unterhielten uns länger darüber. Ken war sauer, weil seine Partnerin einfach mehr

Spaß am Sex hatte als er. Folglich hat er ihr Sex verweigert. "Also wirklich, Ken", sage ich zu ihm. "Wie kannst du denn Mitleid von mir erwarten, wenn sie dich verläßt? Hoffentlich findet sie einen großzügigeren Mann."

Worin liegt nun der Sinn, Männern gute Ratschläge zu geben? Sie können mit ihren Frauen reden und alles Wesentliche herausfinden, wenn sie's wissen wollen. Es ist naiv, so zu tun, als gebe es da schwerwiegende Informationsmängel.

Ich habe zur Zeit eine Beziehung mit Ned. Wir schliefen miteinander – ich fühlte mich glücklich, liebevoll und bereit, Ned ungeheuer viel Lust und Energie zu geben. Dann merkte ich jedoch, daß von Ned weniger und immer weniger zurückkam. Ich machte noch eine Weile weiter, weil ich voller Sinnlichkeit und deshalb bereit war, über meine Grenzen zu gehen und großzügig zu sein. Doch dann kam der Punkt, wo ich nur noch dachte, daß Ned mir gar nichts gab. Wie konnte er nur so mies und gemein sein! Ich fühlte mich total deprimiert. Bevor ich richtig in Zorn geriet, redete ich mit ihm. Ich beschrieb ihm meine Gefühle, bereit, eine Lösung zu finden. Ned blieb stumm.

Schließlich meinte er, daß es wohl vernünftiger sei, wenn er woanders schliefe. Ich stimmte zu und riet ihm, er solle in Gesprächen mit anderen Männern herausfinden, warum er nicht in der Lage war, etwas zu geben. Erst dann solle er zu mir zurückkommen. In den nächsten Tagen war ich Ned gegenüber freundlich. Ich hatte wenigstens meine gute Laune gerettet, indem ich rechtzeitig reagiert hatte.

Irgendwann ist mir klar geworden, daß Männer Sex von mir wollen als Gegenleistung für ihre Arbeit. Doch "Sex kriegt ihr von mir nur als Gegenleistung für Sex. Falls ihr Sex als Gegenleistung für etwas anderes wollt, dann geht doch zu einer Prostituierten und holt euch Sex für Geld".

In Kaplans Buch habe ich gelesen, daß Frauen ein bis zwei Orgasmen die Woche brauchen, Männer dagegen um einiges mehr. Ha! Ich bin zur Zeit mit fünf Männern befreundet: Ken, Ned, Alex, Bernard und Tom. In den vergangenen 28 Tagen habe ich's auf

zweimaligen Sex gebracht. Sechzehn Nächte schlief ich allein. Sechs Nächte schlief ich mit Ned ohne Sex, vier Nächte mit Alex ohne Sex. Und das nicht etwa, weil ich keinen Sex wollte, sondern weil sie keinen geben wollten! Ich war dankbar für die sechzehn allein verbrachten Nächte, in denen ich wenigstens in Ruhe onanieren konnte. Ich bin schließlich nicht so freimütig wie Ken's Freundin, die's tut, während sie neben ihm im Bett liegt.
Eben habe ich das alles Ken vorgelesen, und er findet, daß ich etwas zu persönlich argumentiere und doch mehr generalisieren sollte – wie Kaplan es tut. (SnJ)

L steht für *Lesbianismus* – eine Alternative, die jede Frau vermutlich mal in Erwägung zieht, wenn sie auf sexuellem Gebiet mit ihrem Kerl nicht weiterkommt. Snowy hat dazu folgendes zu sagen: Nachdem ich mich vier Jahre lang von einem großen zornigen Mann namens Nigel verprügeln ließ und trotzdem blieb, weil ich fürchtete, nicht allein mit meinem Leben und den Kindern fertig zu werden, verließ ich ihn schließlich doch. Es folgte meine lesbische Phase, wie ich sie im nachhinein gern nenne. Während dieser Zeit hatte ich zwar auch gelegentlich Freunde, war jedoch mehr an Frauen interessiert. Ich lebte und schlief mit verschiedenen Freundinnen, empfand mich aber nie als Lesbierin, obwohl ich oft auf Kongressen und in Frauengruppen mit ihnen zusammen traf. Viele der Lesbierinnen schneiden sich die Haare kurz, tragen Overalls und Stiefel, trinken Bier und führen sich oft laut und aggressiv auf – die reinste Karikatur der Männer. In Discos, in denen vorwiegend Lesbierinnen verkehren, benehmen sie sich geradezu exhibitionistisch: sie küssen sich demonstrativ, machen sich gegenseitig an und verbreiten so die übliche Disco-Atmosphäre. Das gefiel mir nicht besonders. Für mich ging's bei der Frauenbewegung mehr um Selbstdarstellung, Kreativität und Befreiung von einengendem Rollenverhalten. Ich fand dies eher bei den Nicht-"Macho"-Lesbierinnen, die auch keine Lust mehr auf die üblichen männlich-weiblich-Spielchen hatten, die sich da in den Discos abspielten.

Die Ex-Frau meines Freundes Lu ist Lesbierin geworden. Auch nachdem sie sich gegen Sex mit Männern entschieden hatte, lebte Lu noch einige Jahre mit ihr zusammen. Lesbierinnen behaupten zwar immer, sie lehnten Männer wegen deren Aggressivität ab, doch kann auch das genaue Gegenteil wahr sein. Lu's Frau wurde Lesbierin und verließ ihn, weil er keine massiven Schritte gegen ihre negative Einstellung dem Sex gegenüber unternommen hatte. Er gab ihr nicht das Gefühl, geliebt zu werden. Er war zu liberal und "verständnisvoll".
Frauen, die lesbisch sind, um "Männer zu bestrafen", indem sie sagen "Wir brauchen euch nicht", bestrafen damit nicht zuletzt sich selbst, indem sie sich Grenzen setzen. Sie schließen die Möglichkeit aus, ihren Zorn und ihre Enttäuschung direkt bei den betreffenden Männern loszuwerden und berauben sich damit selbst der Chance, das Problem doch noch zu lösen. (SnJ)

L steht auch für *Loswerden*. Das *Kamasutra* (Teil VI, K.III) gibt hier gute Ratschläge:

Methoden, um einen Liebhaber loszuwerden:
1. *Beschreibe Angewohnheiten und Laster des Liebhabers ... mit verächtlich verzogenen Mundwinkeln.*
2. *Demonstriere Unzufriedenheit über die Art und Weise, wie er Lust bereiten will.*
3. *Laß nicht zu, daß er deinen Mund küßt.*
4. *Verweigere ihm ... den Teil deines Körpers zwischen Nabel und Schenkel.*
5. *Zeige dich ärgerlich über deine Schrammen und blauen Flecke.*
6. *Bleibe bei der körperlichen Vereinigung total unbeweglich.*
7. *Gib vor, müde zu sein.*
8. *Unterbrich ihn, wenn er etwas erzählt ...*
9. *Behaupte, er sei unverbesserlich.*

Ich füge noch einen Punkt hinzu: Lies im Bett das *Kamasutra* und kehre ihm den Rücken zu.

L steht auch für *Limericks*, eine hübsche Methode, mit einem lausigen Liebhaber abzurechnen. Die Namen wechseln, doch die Symptome bleiben immer die selben.

M steht für *Mütter*, Mütter von Männern, und für *Männer*. Gerade habe ich in einem Buch, "Men & Sex" von Bernhard Zilbergeld gelesen. Zilbergeld sieht als Mann naturgemäß Männer in einem anderen Licht als ich. Außerdem ist er Amerikaner, und in Amerika scheint es eine Sorte Männer zu geben, die wirklich und wahrhaftig eine Sexualtherapie beginnen, sie auch durchhalten und hinterher in der Lage sind, besseren Sex mit Frauen zu haben. Das war für mich eine so erstaunliche Nachricht, daß ich in tiefe Verzweiflung darüber geriet, daß mir noch nie ein solches Prachtexemplar begegnet ist. Offensichtlich muß ich nach Amerika übersiedeln.
Angeblich werden alle Sexualprobleme der Männer durch Unsicherheit, Mangel an Vertrauen, Leistungsdruck, Angst, Furcht vor Mißerfolg etc. hervorgerufen. Das nennen wir in Atlantis das "Ach, der Arme ..." Syndrom. Keiner dieser Männer knirscht vor Wut mit den Zähnen, ist von Haß aufs weibliche Geschlecht erfüllt und fest entschlossen, ihr nichts, aber auch gar nichts zu geben. Nein, sie alle kümmern sich während ihrer Therapie rührend um die sexuellen Bedürfnisse ihrer Frauen, verschaffen ihnen so viele Orgasmen, wie sie nur wollen etc. Na sowas! In den fast dreißig Jahren meiner sexuellen Entwicklung habe ich nie ein solches Wesen getroffen. Doch dann taucht im Buch zwischen all den liebenden, zufriedenen, hilfreichen Florence-Nightingale-Frauen eine auf – eine Europäerin, was immer das sein mag – die "hitzig und jähzornig war und Sam sogar öfter mal mit Tellern bombardierte. Sie verlangte Erektionen und Beischlaf und drohte, Sam zu verlassen, falls er das nicht zustande brächte". Kein Wunder also, daß "er zitterte, als er über ihre Gefühllosigkeit ihm gegenüber berichtete".
Doch Mr. Zilbergeld eilt ihm zu Hilfe: "Wir müssen uns klarmachen, daß es Frauen gibt, die durch Ihren nicht erigierten Penis

abgeschreckt werden. Aufgrund ihrer eigenen Unsicherheit über ihr Aussehen oder ihre sexuellen Fähigkeiten verkraften sie vielleicht keinen Mann mit einem solchen Problem. Solche Frauen gibt es allerdings nur selten. Sollten Sie trotzdem an eine solche geraten sein, müssen Sie bedenken, daß Ihnen kaum eine Wahl bleibt. Da die Unfähigkeit der Frau, Sie so zu akzeptieren, wie Sie sind, dazu führt, daß Sie sich mies fühlen und sexuell nur noch mehr unter Leistungsdruck geraten. Falls sie nicht lernt, Ihre Situation zu akzeptieren, bleibt Ihnen nur ein einziger vernünftiger Ausweg, nämlich sie zu verlassen. Suchen Sie sich lieber eine andere, die mehr an einem Mann als an einem steifen Penis interessiert ist."

Hätte ich doch bloß Mr. Zilbergelds Ratschläge gelesen, bevor ich anfing, mein Sexbuch zu schreiben! Dann hätte ich mich sittlich gebessert und kapiert, daß nicht etwa meine vergeblichen Bemühungen um Sex mich so frustrieren, sondern viel eher die Unsicherheit wegen meines Äußeren. Ich fürchte, ich bin schon zu alt, um mich noch zu ändern, und bleibe lieber eine mitleidlose, Teller werfende, unverschämte "Europäerin", die automatisch mißtrauisch wird, wenn ihr ein Mann mehr mit seinen Problemen als mit seinen Erektionen kommt.

Eine andere Frage läßt mir keine Ruhe. Da gibt's also diese unzähligen Amerikanerinnen, die geduldig miterleben, wie ihre Männer fortgeschrittene Masturbationsübungen absolvieren, ihnen dann bei fortgeschrittenen Masturbation-durch-Partnerin-Übungen helfen, um dann zuletzt liebend stillzuhalten, während die Männer Stop-Start-Beischlafübungen für Fortgeschrittene ausprobieren. Das ist ja schön und gut, aber wie um alles in der Welt schaffen sie es, jemals wieder von solchen Männern sinnlich erregt zu werden? Und diese Männer – wie schaffen sie es, sich je wieder wie Männer zu fühlen? Vielleicht bin ich zu naiv, aber wäre nicht ein wilder Streit, bei dem die Fetzen fliegen, vielleicht wirksamer? Ach, ich sollte lieber den Mund halten, da mein letzter Streit mit meinem Partner, der nachts heimlich neben mir masturbierte, statt mit mir zu schlafen, damit endete, daß er mich fluchtartig verließ. Vielleicht besucht er Mr. Zilbergeld.

M steht auch für *menstruell*, eine zyklisch wiederkehrende Periode. Bei Männern ein Zeitraum, in dem sie versuchen, ihre Frauen bluten zu lassen. Meine Mutter erzählte mir von den menstruellen Perioden der Männer, doch ich hörte ihr nicht zu, weil ich sie haßte. Sie pflegte von meinem Stiefvater zu sagen: "Oh, er hat mal wieder seine Periode", womit sie meinte, daß er sich in einen seiner Anfälle hineinsteigerte.
Ich bin inzwischen der Ansicht, daß die "menstruellen" Stimmungen der Männer nichts damit zu tun haben, wie ihre Frauen sie zum entsprechenden Zeitpunkt behandeln. Ich hatte bisher immer unbewußt alle Schuld auf mich genommen, die man mir mein Leben lang kübelweise zugeschoben hatte: wenn mein Partner mieser Laune war, dann nur deshalb, weil ich etwas getan, nicht getan, gesagt oder nicht gesagt hatte. Ein glücklicher Zufall verhalf mir nun zu höherer Erkenntnis. Ein Mann unserer Kommune, den ich seit etwa zwölf Jahren kenne, hat uns in regelmäßigen Abständen mit Anfällen von schlechter Laune genervt. Alex, er kam schon an früherer Stelle in diesem Buch zu Wort, hatte mir erfolgreich eingeredet, daß seine monatlichen und halbwöchigen Ausbrüche nur deshalb erfolgten, weil er keine Frau habe, die ihn liebe und liebkose. Und was geschah dann? Er hat inzwischen eine wunderbare Partnerin, die viel mehr bietet, als er's verdient, und – ja, ihr habt's erraten – er leidet immer noch an seinen Menstruationen.

N steht für *Nummern*. Damit bezeichnen wir das, was Menschen einander antun, statt direkt zu kommunizieren. Eine Nummer ist ein mieses, falsches Spiel: eine Methode, um etwas Erwünschtes zu kriegen, ohne selbst Energie oder Kreativität aufwenden zu müssen.
Da Sex der Angelpunkt aller Energie und Kraft im Leben ist, werden auf diesem Gebiet die schlimmsten Nummern gedreht. Zugegebenermaßen von beiden Geschlechtern, doch wir befassen uns hier mit dem, was Männer Frauen antun, und was diese tun können, um den Bumerang zurückzubefördern.

Das bringt mich leider darauf, daß mein eigener Partner mir gerade jetzt ein paar ganz üble anti-sexuelle Nummern dreht. Fünf Jahre lang hat er mir Vorträge über die Widerlichkeit von Sex gehalten, und ganz besonders über die Widerlichkeit einer Frau, die darüber spricht und schreibt. Nach fünf Jahren hat er's endlich geschafft, daß ich aufgebe. Doch jetzt wechselt er plötzlich die Fronten, packt seine Siebensachen und erklärt, er müsse mich verlassen, weil er "Sex brauche" und ihn von mir ja nicht bekomme. Derselbe Mann sucht sich dann ausgerechnet meine ärgste Feindin aus und zieht mit ihr zusammen. Na, ist das eine miese Nummer oder nicht? Doch gibt es natürlich viel bösere, viel raffiniertere. Der Phantasie sind da keinerlei Grenzen gesetzt.

N steht auch für den vielen *Nonsens*, den Männer seit ewigen Zeiten über weibliche Sexualität geschrieben haben. So z.B. vor 1.700 Jahren. Der Verfasser des *Kamasutra* behauptet, daß die unbefriedigten Frauen des Königlichen Harems mit dem Männermangel auf folgende Weise fertig wurden:

Nachdem sie ihre Dienerinnen als Männer verkleidet hatten, gelangten sie mit Hilfe von Knollen, Wurzeln und Früchten in Form eines Lingams an das Ziel ihrer Wünsche. Oder sie legten sich auf eine männliche Statue, deren Lingam erigiert war ...

K. VI Teil V. *Über den Königlichen Harem*

N steht auch für *Notizen*. Notizen, die man an die Wand pinnt – vor allem, wenn er weg ist. Bei mir hängen gerade mehrere Notizen an der Wand, z.B. eine in großen gelbfluorezierenden Buchstaben mit einer dicken schwarzen Überschrift:

Was tun, wenn deine Frau sagt, daß sie mit dir im Bett nicht glücklich ist?
Rede über was anderes, um sie abzulenken.
Schlaf im Wohnzimmer.

Verursache ein solches Chaos, daß sie den ursprünglichen Streitpunkt vergißt.
Beklag dich über deine eigene sexuelle Frustration.
Verlaß sie und zieh zu Leuten, die sie nicht ausstehen kann und erzähl denen, wie schlecht du behandelt wurdest.
Sag: "Schließlich wußtest du ja, wie ich bin, als du die Beziehung mit mir anfingst"
Oder: "Dann geh doch und such dir einen besseren Mann."
Halt ihr einen Vortrag darüber, wie unwichtig Sex ist. Natürlich erst, wenn du selbst befriedigt bist.
Sag ihr, daß es noch andere Dinge im Leben gibt.
Weigere dich zu glauben, daß Frauen zu sexueller Frustration fähig sind.
Schlag mit den Fäusten gegen die Wand.
Droh ihr, sie zu schlagen.
Gib dem Hund einen Tritt.
Beklag dich, daß du dich nicht mehr wie ein Mann fühlen kannst, falls sie weiter über Sex redet, worüber Frauen besser nicht reden sollten.
Benimm dich so ekelhaft, daß sie wünscht, sie hätte sich mit einmal pro Monat zufrieden gegeben.
Bedaure, daß sie so "zu" ist.
Schwärme davon, wie reizend sie am Anfang zu dir war.
Zähle alle möglichen irrelevanten guten Eigenschaften von dir auf.
Verlaß sie für Wochen und sorge dafür, daß sie von deiner Affaire mit der häßlichsten Frau erfährt, die du auftreiben kannst. (Botschaft: "Selbst die ist noch besser als du.")
Iß Knoblauch, damit sie sich vor dir ekelt.
Lauf den ganzen Tag mit einer Erektion herum und beklage dich darüber. (Aber schlaf abends sofort ein.)
Wiederhole immer wieder: "Ich möchte wirklich eine gute sexuelle Beziehung mit dir haben."

O steht für *Orgasmus*. Frauen bekommen normalerweise nur durch Stimulierung der Klitoris einen Orgasmus. Doch das allein reicht mir nicht. Erst wenn ich dann mit meinem Partner schlafe, fühle ich mich zutiefst befriedigt. Masters und Johnson, wie auch die Frauenbewegung, haben die Ansicht verbreitet, daß Frauen zur Befriedigung keinen Geschlechtsverkehr brauchen. Natürlich war es nötig, den Männern klarzumachen, daß Frauen beim Geschlechtsverkehr nicht einfach zum Höhepunkt kommen, wenn's bei ihnen (den Männern) soweit ist. Nachdem Männer nun wissen, was Frauen zum Orgasmus bringt, sollten wir meines Erachtens einen Schritt weiter gehen und Männer und Frauen wieder näher zueinander bringen. Wie mein Freund mit der lesbischen ExFrau bezeugen kann, führen klitorale Stimulierungen und Orgasmus ohne Geschlechtsverkehr über längere Zeit hinweg nicht dazu, daß eine Frau wirklich befriedigt ist. Sie kann dadurch sogar auf den Gedanken kommen, daß Männer überflüssig und nutzlos sind. In einer guten sexuellen Beziehung, in der die Frau regelmäßig zum Orgasmus kommt, ist natürlich auch mal Platz für einen Geschlechtsverkehr, der bei ihr nicht zum Höhepunkt führt. Warum? Weil es eben auch schön ist, nur den energetischen Kontakt zwischen Mann und Frau zu spüren.

Wir Frauen in Atlantis werden oft beschuldigt, nicht feministisch zu sein. Ich glaube jedoch, daß wir über den Feminismus hinaus sind. Wir haben unsere Unabhängigkeit, sind uns unserer Identität sicher, müssen folglich nicht mehr krampfhaft unsere Rechte verteidigen und können Männer näher an uns ranlassen. Schließlich hat man nur dann Angst vor Unterdrückung, wenn man sich innerlich schwach fühlt. Mit sich im Einklang kann einem alles mögliche wiederfahren, was scheinbar unterdrückerisch ist, und man fühlt sich dennoch nicht entwertet. Es macht mir Spaß, für meine Männer zu putzen, zu kochen, zu waschen und zu nähen. Und ich hab's gern, wenn sie für mich Holz hacken, etwas Schweres tragen oder bauen. Ich bin mir meiner Stärke und Selbstachtung sehr sicher und brauche mich nicht als Mann aufzuspielen, um einem Mann oder mir selbst meinen Wert zu beweisen. Und deshalb kann ich auch aufhören, meine Orgasmen zu zählen.

P steht für *Penis* und *Penetrieren* und *Push* – Draufgängertum, worüber nur wenige Männer verfügen.

P steht auch für *Prügel*. Kaum ein Mann züchtigt seine Frau heutzutage noch körperlich. Er tut dies viel lieber geistig und zwar dann, wenn er unfähig ist, sich zu verschaffen, was er körperlich will.

P steht für *Potenz* und für *Promises, Promises, Promises.*

P steht für *Pussy-Paranoia*. Paranoia wird durch Angst vor Bestrafung von Missetaten hervorgerufen. Man hat keine Angst, verfolgt zu werden, wenn man nichts getan hat, wofür man bestraft werden kann. Die liberale Lehre von der Nicht-Verantwortlichkeit behauptet, Paranoia werde durch Verfolgung hervorgerufen – das ist die Theorie vom armen Opfer. Doch die Nummer "unschuldiges Opfer" ist eine gute Tarnung für alle möglichen Missetaten. Wenn dein Partner paranoid auf Muschis reagiert, lautet die richtige Frage: Welch üble Vorstellungen muß er haben, wenn er deren Bestrafung so fürchtet?

P steht schließlich noch für *Polyandrie*, d.h. viele Männer für eine Frau. Wir haben festgestellt, daß es das einzig sinnvolle System ist. Polygamie dagegen ist der reinste Witz! Habt ihr schon mal einen Mann kennengelernt, der eine Frau auch nur halbwegs befriedigen konnte?
Über die Jahre hinweg mußten wir zwangsläufig akzeptieren, daß wir den Einen nie finden werden, sondern uns mit mehreren Männern begnügen müssen, aus deren verschiedenen Talenten eine Mixtur entsteht, die im besten Fall gewisse Ähnlichkeiten mit dem Einen haben könnte.
Und so haben wir vielleicht Bill für den Verstand, Fred für den Nacken, Ned für die Brust, Lu für den Bauch, Alex für die Beine, Rob für die Hände etc. Falls sich der eine oder andere Leser saftige Phantasien über Polyandrie zu machen begann – vergeßt es.

Q steht für *Quotes* (Zitate). Die Methode des Zitierens, bei uns auch "Bibel-Therapie" genannt, gleicht einem Zaubermittel. Meine Schwester Snowy kam zufällig darauf, als sie mal wieder etwas Erleichterung dringend nötig hatte.
Wenn jemand dumpf vor sich hinbrütet und einem die Stimmung verdirbt, empfiehlt sich die sofortige Anwendung dieses Zaubermittels. Man greife nach der nächstbesten Lektüre – in unserem Fall war's die Bibel – und beginne, ruhig, gelassen und zielbewußt laut vorzulesen. Und hier beginnt der Zauber. Das Vorgelesene wirkt meist wie eine köstlich perfide Parodie der Situation, in der ihr euch gerade befindet. Fragt mich nicht, wie das funktioniert, aber es funktioniert. Glauben will das niemand, bis er's selbst ausprobiert hat.
Natürlich sind manche Bücher besser als andere – die Bibel oder ein Sexbuch sind ideal. Aber selbst, wenn euch ein Text unpassend vorkommen sollte, macht das nichts. Lest einfach in noch salbungsvollerem Ton weiter und beobachtet, was passiert. Ihr werdet feststellen, daß er total paranoid und schuldbewußt reagiert und sich nach Kräften anstrengt, hinter die wahre Bedeutung dessen zu kommen, was ihr da vortragt.
Was das ganze soll? Das ist eine ganz falsche Frage. Er zieht euch runter und ihr fragt noch, was es für einen Sinn hat, wieder hochzukommen?

R steht für *Rache*. Sehr wichtig: Falls du dich nicht rächen kannst, wirst du dich mies fühlen, und wenn du dich mies fühlst, kannst du nicht lebendig, offen oder sexuell gestimmt sein. Gute Rache ist nicht "wie du mir, so ich dir", das ist eklig, kleinlich und ach so weit verbreitet. Gute Rache ist ein überwältigender, unstrittiger Sieg, der übrigens auch für den Mann – er wird's natürlich nicht zugeben – äußerst heilsam sein kann. Erinnert euch an Snowys Ausspruch: wenn du gewinnst, gewinnt ihr beide; wenn er gewinnt, verliert ihr beide – schon weil Frauen gefühlsorientiert, Männer dagegen ego-orientiert sind.
Falls ein Liebhaber emotional abblockt und sich weigert, darüber

zu diskutieren, was für jede Beziehung tödlich ist, dann erfordert solch negatives Verhalten natürlich Gegenmaßnahmen. Ihn ebenfalls unglücklich zu machen, hat keinen Zweck. Wenn du seinen Quatsch nachmachst und auch emotional abblockst, geratet ihr beide auf eine abschüssige Bahn, die nur zum Ende der Beziehung führen kann. Du mußt ihn zornig machen oder zum Lachen bringen. In erster Linie mußt du aber dafür sorgen, daß du dich wieder gut fühlst. Ich weiß, wie schwer das ist. Wie kannst du dich gut fühlen, wenn er alles tut, damit du dich mies fühlst – er, der doch soviel stärker ist und alle Trümpfe in der Hand zu haben scheint. Einfach ekelhaft! Du mußt dich voll auf die Situation konzentrieren! Des Rätsels Lösung ist, ihn weiter zu benutzen, auch wenn er abgeblockt hat und weggelaufen ist oder aber als abgeblockter "Kadaver" noch bei dir herumlungert.
Der Witz einer erfolgreichen Rache ist der, daß dein Partner tatsächlich wiederkommt. Schließlich muß er das schon, um dir den nächsten Tiefschlag versetzen zu können. Wenn du dagegen die Märtyrerin spielst, hilft dir das überhaupt nicht weiter und bringt ihn garantiert nicht zu dir zurück.
Man muß die bösen Absichten des Partners ins Gegenteil umkehren und sagen: "Vielen Dank für deine Aggression. Ich habe deine Bösartigkeit benutzt, um meine Energie zu steigern und meinem Leben neuen Schwung zu verleihen."
Eine besonders bitter-süße Rache sieht für mich übrigens so aus, daß du beim Sex vor ihm zum Höhepunkt kommst und dich ihm dann schnell entziehst, so daß er deinen Körper nicht benutzen kann, um selbst zu kommen. Dann sagst du lachend: "Das geschieht dir ganz recht!" Oder du machst es subtiler und fragst: "Kann ich dir irgendwie helfen, Süßer? Soll ich was für dich tun?" Wenn er dich dann um etwas bittet, tust du's natürlich nicht, oder du tust es auf deine Weise, die ihm alles verpatzt.
Ach ja, solche Augenblicke machen das Leben fast lebenswert... sind jedoch leider selten. Deshalb mußt du auf andere Weise versuchen, dir Energie aus so gut wie nichts zu verschaffen. Du könntest es ja damit versuchen:

R steht auch für *Raserei.* Raserei ist etwas, in das du dich hineinsteigern kannst, besonders dann, wenn du ungeheuer viel Energie in dir spürst, aber nicht weißt wohin damit. Eine solche Raserei ist im Idealfall sehr lautstark und sehr körperlich, doch was tun, wenn dein Gegenüber abwesend ist? Dann muß eben ein Blatt Papier herhalten. Und je größer das Blatt Papier je dicker und schwärzer der Filzstift, desto besser.

R steht für *Resistenz.* Vor langer Zeit hatte ich mal Lust auf eine unbeschwerte Affaire mit einem äußerst seltsamen Typen namens Wilf. Er lebte seit einiger Zeit in Atlantis und war der Anführer einer Ortsgruppe der Hell's Angels.
Tja, Wilf war Weltmeister im Widerstand. Er wollte mich nicht und sagte mir das auch unmißverständlich. Ich habe nun aber die Eigenart, in solchen Fällen all meine Phantasie einzusetzen, um doch ans Ziel zu gelangen. (Vielleicht sollte dieser Abschnitt besser unter V für Verführung stehen.)
Wilf schrieb mir detailliert, welche Art Frau ihn "anmachen" würde: pfundweise Makeup (benutze ich nie), hochaufgetürmte Haare, Netzstrümpfe, hochhackige Pumps, kurzer enger Rock, Lederjacke und... sie sollte an der Jukebox lehnen, Zigarette im Mundwinkel. Hilfe!
Schnell war mein Plan fertig. Wir schickten Wilf mit einem Auftrag weg. Inzwischen bemalten wir eine Lederjacke mit Slogans wie "Sex oder Tod! Wilfs Eigentum" etc. Dann zog ich mir mein altes Ballett-Trikot an, das ich beim Stöbern nach hochhackigen Pumps entdeckt hatte, schlüpfte in lange Lederstiefel und verbrachte Stunden damit, mich mit dem Makeup meiner Tochter zu schminken. Die Haare kämmte ich zu einem Pferdeschwanz, Teenielike, und setzte mich rauchend auf den Küchentisch.
Wilf kam wie üblich mit eingezogenen Schultern und muffiger Miene zur Tür herein. Jemand sagte: "Wilf, das ist Maggie, ein neues Mädchen." Er schaute mich kurz an, schaute wieder weg und wurde puterrot, während er sich stumm seinem Essen widmete. Das unterdrückte Kichern der anderen ließ ihn dann doch

noch mal aufschauen. Bis dahin hatte er mich nicht erkannt. Nun starrte er mich an und brach schließlich unter Flüchen in ein entwaffnendes Lachen aus. "Bin ich dir jetzt recht, Wilf?" erkundigte ich mich demütig. "Na ja, gar nicht so übel", erwiderte er großzügig. Wir hatten großen Spaß miteinander in dieser Nacht. Er war wunderbar selbstsüchtig, was ich lieber mag, als wenn jemand so tut, als sorge er sich um meine Gefühle. Zukunft hatte die Beziehung aber nicht.

S steht für *Sicherheit*, und Sicherheit ist nach meiner Erfahrung der absolute Killer jeder lohnenden Beziehung. Ich behaupte kühn, daß es eigentlich nur zwei Arten von Partnerbeziehungen gibt: solche, die aus Lebenslust geboren werden und schwierig, turbulent, sexuell und intensiv sind und solche, die aus Lebensangst geboren werden, zwar sicher aber sicherlich auch todlangweilig sind.
Viele Paare, die ich kenne, fanden sich aus Angst vor der Einsamkeit und dem Unbekannten. Die beiden Menschen klammern sich verzweifelt aneinander und wagen nicht, sich genau anzusehen, weil sie dann das eine oder andere entdecken und kommentieren müßten, was ihnen vielleicht nicht gefällt – eine zu große Gefahr für eine "sichere Beziehung".
Ich gehe lieber ein Risiko ein und nehme Phasen von Einsamkeit, Verzweiflung und Unsicherheit in Kauf. Aufrichtigkeit und Lebhaftigkeit sind mir tausendmal lieber als Sicherheit.

S steht für *Schweigen*, die Spezialwaffe des zornigen Mannes. Falls dein Partner auf nichts mehr reagiert, sondern eisern schweigt, stell ihm eine absolut lächerliche Frage, und zwar mit soviel Ernst und Nachdruck, als sei es eine Frage auf Leben und Tod, wie z.B. "Sag mal Rob, hast du nun den Blauen Verdienstorden bekommen oder nicht?" Dem immer noch schweigenden Partner kann man sagen, das man mit der ersten Frage wohl schon zu dicht an der Wahrheit dran gewesen sei und es ihm jetzt einfacher machen wolle. "Bist du ein Crampfurl?" (Ach übrigens, was ist eigentlich ein Crampfurl?)

Auch wenn du nie eine Antwort auf diese drängenden nächtlichen Fragen bekommst, wirst du wahrscheinlich einen Mordsspaß haben und viel überschüssige Energie und Aggression loswerden. Außerdem wirst du ihm hoffentlich die Augen dafür öffnen können, was für ein Blödmann er ist, wenn er keinerlei Fragen beantwortet.
Es empfiehlt sich übrigen, deinen Partner währenddessen nicht anzuschauen ...

S steht für *Spiele.* "Du bist so schrecklich verspielt!" ist ein Vorwurf, den Männer ihren Frauen häufig zu machen pflegen. Männer, die die Kunst des Spielens nie gelernt haben! Natürlich hat in einer erwachsenen Beziehung auch ein ernstes, aufrichtiges Gespräch seinen Platz. Da ich jedoch mitansehen mußte, wie meine junge Nichte in einer solch netten, vernünftigen Beziehung bleich, fett und pickelig wurde, schlage ich lieber vor, es mit den guten alten Spielchen zu versuchen.
Nehmen wir mal meinen Freund Rob mit dem großen Ego. Ich sage zu Rob: "Was hälst du davon, mit mir zusammenzuleben?" "Obwohl ich dir ungern nein sage, muß ich doch leider ablehnen", antwortet er. Eine nette Unterhaltung. Höflich, klipp und klar. Vernünftig. Kein Außenstehender würde je auf die Idee kommen, daß Rob seine Zeit damit verplempert, ständig von mir zu träumen, während ich in meinem ausgefüllten Kommune-Leben kaum je an ihn denke. Mit anderen Worten, seine Ablehnung war nur scheinbar ehrlich, in Wirklichkeit aber ein ganz mieses Ego-Spiel.
Manche Spiele sind die reinsten Lebensretter. Eines Tages fuhr Rob mich in seinem Wagen so aggressiv, hektisch und schnell, daß ich Angst bekam. Ich bat ihn, das Tempo zu verringern, doch er fuhr nur noch schneller. "Bitte fahr doch langsamer. Warum versuchst du, mich umzubringen?" flehte ich ihn an. Er trat noch mehr auf's Gas. Okay, dachte ich mir, wenn du auf Power-Spielchen aus bist, die kann ich dir auch bieten. Statt weiter zu bitten, befahl ich also mit autoritärer Stimme: "Halt sofort an!" Ich ver-

ließ mich darauf, daß er sich einem solchen Befehlston unterwerfen würde, dem geisterhaften Echo der mütterlichen Stimme. Es klappte. Er fuhr sofort auf einen Parkstreifen und hielt. Ich zog den Zündschlüssel ab, sprang aus dem Auto, stellte mich an den Straßenrand und wurde zum Glück sofort von einem sehr netten Autofahrer mitgenommen. Im Rückspiegel sah ich Rob wie einen begossenen Pudel neben seinem völlig nutzlosen Wagen stehen.
Jetzt mal zur Abwechslung ein guter Streich, der mir gespielt wurde. Ich hauste auf unserem Segelboot mit Fin, einem Tischler, der damals auch mein Liebhaber war. Eines Tages frönte ich mal wieder meiner Kritiklust und sang lauthals komische Lieder über meinen Tischler, als ich plötzlich etwas in meinem Rücken spürte. Da stand mein Freund mit einem Zollstock und nahm sorgfältig meine Länge und Breite, dabei vor sich hin murmelnd und total in seine Arbeit vertieft. Dann schrieb er die Maße auf ein Blatt Papier und zeichnete sorgsam einen für mich maßgeschneiderten Sarg. Ich begriff und mußte furchtbar lachen. (SnJ)

T steht für *Tai-Chi*, ein östlicher Kampfsport, eine Methode der Selbstverteidigung, beruhend auf dem Prinzip, die Energie des Angreifers zu nutzen, um ihn zu besiegen. Falls jemand auf dich losstürmt, um dich zu schlagen, du ihn aber am Arm packst und seinen Schwung ausnutzt, um ihn über deine Schulter zu Boden zu werfen, dann kostet dich das keine Anstrengung, sondern ist spielerisch, ist poetische Gerechtigkeit. Äußerst befriedigend!
In Atlantis sprechen wir von emotionalem Tai-Chi, der Kunst emotionaler Selbstverteidigung – etwas ganz anderes als defensiv sein. Mein Freund Lu möchte z.B. immer woanders sein. Er hat Probleme mit dem Hier und Jetzt. Solange ich gegen ihn argumentierte, unterstützte ich nur seinen Drang wegzulaufen, woanders sein zu wollen, was im Grunde ja ein mieses Spiel ist. Heute habe ich nun einen kurzen Zwischensieg errungen, weil ich mich an mein Tai-Chi erinnerte. Ich sagte zu ihm: "Eine gute Idee, Lu. Geh ruhig weg. Geh und tu, was du tun möchtest. Warum noch

länger warten? Geh heute, etwas Abwechslung täte dir gut. Soll ich ein Boot für dich besorgen?"
Ich fühlte mich gut, er war verwirrt. "Aber ich will doch eigentlich gar nicht weg!" sagte er. Schachmatt. Tai-Chi. In die eigene Falle geraten. (SnJ)

U steht für *Unten Sein*. Ich meine damit einen allgemeinen Zustand, d.h. eine Frau zu sein und keinen Penis zu haben.
Wahrlich eine sehr schwierige Position, und laßt euch bloß nicht von irgendwelchen neunmalklugen Feministinnen einreden, daß wir gleichberechtigt seien. Wie kann ein Wesen, das physisch kleiner, zarter, schwächer ist, Perioden, Schwangerschaften, schreckliche Geburtsschmerzen, Brüste, Milch, Verantwortung für Babys hat und dazu noch Sexualorgane, die höchst untauglich sind, was rasche Befriedigung im Bett betrifft – wie also kann solch ein Wesen gleichberechtigt mit einem großen, harten, starken Mann sein, der so gut wie keine natürlichen Schwierigkeiten geschlechtlicher Art mitbekommen hat? Ein Mann riskiert nicht, schwanger zu werden, und verfügt über wunderbar prompte Reaktionen, die ihm sexuelle Befriedigung garantieren.
In feministischen Kreisen ist es Mode geworden, den alten Freud mit seiner Theorie vom Penisneid verächtlich abzutun. Anscheinend bin ich sehr altmodisch, denn ich stimme mit ihm in diesem Punkt völlig überein.
In meinen besten Momenten halte ich mich an esoterische Philosophie: "Je schwieriger deine Lage, je härter der Kampf, um so größer die karmische Belohnung." Nun, hilft euch das weiter? Nein? Das überrascht mich nicht.
Versuchen wir's mal anders: Die Erfahrung des Unten-seins macht euch sensibler, bewußter, künstlerischer und fähiger zur innigen Gemeinschaft mit denen, die in der gleichen Lage sind.
Das ist euch egal? Das hilft auch nichts? Aha. Na schön, ich verstehe, aber wollt ihr denn wirklich einer von diesen harten, seichten, phantasielosen, unwissenden Leuten sein, die obenauf sind?
Ja!

Soso. Ihr findet manchmal auch einen Weg durch all eure Schwierigkeiten, habt also eine schwache Vorstellung davon, wie es sein muß, sich ganz obenauf zu fühlen? Seid ihr dann nicht doch einverstanden damit, eine Frau zu sein und schließt Frieden mit euch selbst, statt euer Los zu bekämpfen?
Tja, manchmal.
Wirklich eine sehr schwierige Position. (SnJ)

U steht auch für *Unerwünschte Aufmerksamkeit* – das einfachste Problem des ganzen Buches. Man kann viel Spaß damit haben, wenn man sich nicht mit einer einfachen und trockenen Absage abmüht. So wurde ich einmal zum Objekt solcher unerwünschter Aufmerksamkeit durch einen Mann, als ich gerade auf einem Stuhl stand, um bunte Bilder an den Wänden aufzuhängen. Ich wollte keine Umarmungen, brauchte eher Hilfe, weil die einzelnen Teile meiner Collage mit Klebstoff bestrichen werden mußten. Mir ist schon öfter aufgefallen, daß bestimmte Männer, die ansonsten eher passiv sind, mir plötzlich Avancen machen, wenn ich gerade vergnügt mit irgend etwas beschäftigt bin, was sie ausschließt. Also komponierte ich rasch ein Lied, worin sich ein Mann bitter über seine Frau beklagt, die ihn anstatt mit Liebe mit einem Eimer Leim überschüttet.

V steht für *Vater.* Jede Frau sollte versuchen, sich über ihre Gefühle für diese in ihrem Leben äußerst wichtige Männergestalt einigermaßen klarzuwerden. Sie wird womöglich einen Mann wie ihn wählen, um die ungelösten Konflikte auszuagieren. Oder sie wählt extra einen ganz anderen Mann, um nicht die gleichen Fehler zu wiederholen. Wie sie sich auch entscheidet, er wird der Bezugspunkt sein. Einer meiner derzeitigen Freunde ist primitiv, unsensibel und unaufmerksam wie mein Vater, während mein vertrautester Freund ganz meinem Stiefvater gleicht, der immer alle Arbeiten im Haus erledigte, den ich aber nie richtig ins Herz schloß, weil er ja nicht der echte war. Wie wichtig aber der Vater für die Frau auch sein mag: ich gehe jede Wette ein, daß sie mit der

Mamma ihres Geliebten viel häufiger konfrontiert sein wird. (SnJ)

W steht für *Wichser*, was nur sehr wenig mit Masturbation zu tun hat. Wichser sind wirklich das letzte – vor allem dann, wenn sie außerdem noch einigermaßen sexy sind – nur geeignet als Zielscheibe für giftigen Sarkasmus.

W steht auch für *Weh*, worin wir manchmal schwelgen müssen, wenn alles andere versagt.
Wenn man in seinen Kummer ganz tief hineingeht, bis zum Grund, dann kommt man auf der anderen Seite wieder raus. Man glaubt es im Moment zwar nicht so recht, aber ...
Damals zum Beispiel, als ich schwanger war und völlig allein:
Ich fühle mich elend, kann mich kaum bewegen, habe keinerlei Schwung, etwas zu tun. Meine Schwester ist fort und das Haus fast leer. Ich bleibe die ganze Zeit im Bett.
Meine Augen brennen, und ich habe seit Tagen Kopfschmerzen. Wenn ich aufstehe und rumlaufe, weine ich. Morgens geht's mir am schlimmsten. Nachts wache ich auf, liege wach. Meine Brüste sind wund, tun weh wie nach einem Sonnenbrand. Trotzdem bin ich gern schwanger. Ich bin noch nicht dicker, weil ich erst im zweiten Monat bin. Fred ist weg, weg von uns, die ihm am nächsten sind. Aber Nähe ist für ihn ja nicht besonders wichtig.
Meine Beine schmerzen, obwohl ich kaum umherlaufe. Als ich vor 17 Jahren Becky erwartete, wollte ich sterben, weil ihr Vater mich verlassen hatte. Die jetzige Schwangerschaft sollte ganz anders werden.
Es ist neun Uhr abends. Ich schreibe, damit ich nicht verrückt werde in dieser gräßlichen Leere. Es besteht keine Hoffnung, daß es morgen besser wird. Vielleicht wird's sogar schlimmer. Ich liebe mein ungeborenes Baby und werde tun, was ich kann. Aber es bringt mich fast um, wenn ich denke, daß es eine unglückliche Mutter hat.
Ich bin elend und fürchte mich sehr vor der kommenden Nacht. Was Fred im Augenblick auch tun mag, es kann nicht wichtiger sein, als mir jetzt zu helfen.

Man kann sich kaum vorstellen, daß das je endet. Momentan verstehe ich, daß Menschen sich umbringen. Bestimmt ist es für das Baby nicht gut, eine solch elende Mutter zu haben. Mein Körper ist emotional total vergiftet.
Dank dir, Fred, daß du lange genug bliebst, um mich schwanger zu machen. Seit vielen Jahren wünschte ich mir wieder ein Baby. Hoffentlich tauchst du hier bald auf. Ich sehne mich so sehr nach einer glücklichen Schwangerschaft und Geburt. Ich brauch deine Hilfe.

X steht für *X-Ray Eyes* (Röntgenaugen) – ein wichtiges Hilfsmittel in sexuellen Beziehungen. Wenn du raffiniert bist – ich bin's nicht – läßt du dir nicht anmerken, daß du Röntgenaugen hast. Sie sind bei Männern vor allem im Bett ganz und gar unbeliebt. Doch halte sie offen, um seine speziellen Macken im Anfangsstadium zu erkennen. Dann weißt du wenigstens in etwa, was kommt.

Y steht für *Yin* und *Yang*. Yin ist die Quintessenz weiblicher Energie, Yang die Quintessenz männlicher Energie. Beide gehen im Extrem ins jeweils andere über. Sie brauchen sich gegenseitig, um den eigenen Sinn zu finden, um die eigene Existenz überhaupt erkennen zu können. Ein Mann braucht eine Frau, um sich selbst zu spüren, um mit seiner Kraft etwas anzufangen. Eine Frau braucht einen Mann um ihrer Empfänglichkeit willen.
Es ist schon seltsam. Wenn ein Mann einer Frau wirklich nahe kommt, hat er unweigerlich das Gefühl zu schmelzen, sich zu verlieren. Wenn eine Frau einem Mann sehr nahe ist, dann fühlt sie sich gestärkt und voller Energie – auch wenn sie ihn eigentlich ständig bekämpft. Also auch ein Grund, warum Männer vor großer Nähe solche Angst haben. Yang wird zu Yin und Yin wird zu Yang. Bei einer Geburt – der extremsten Demonstration weiblich-empfänglicher Sexualität – muß die Frau die stärkste Yang-Energie ihres Lebens aufbringen, um ihr Baby in die Welt zu befördern. (SnJ)

Z steht für *Zen*, die Kunst, Schwierigkeiten und absurde Situationen mit Anmut zu meistern, sie zu begreifen, zu erhellen und schließlich vielleicht sogar darüber zu lachen.

Roland Bäurle: Körpertypen
Vom Typentrauma zum Traumtypen
mit Test!